ÄGYPTOLOGISCHE ABHANDLUNGEN

HERAUSGEGEBEN VON
WOLFGANG HELCK UND EBERHARD OTTO

BAND 9

PETER KAPLONY

DIE INSCHRIFTEN DER ÄGYPTISCHEN FRÜHZEIT

SUPPLEMENT

1964

OTTO HARRASSOWITZ · WIESBADEN

DIE INSCHRIFTEN DER ÄGYPTISCHEN FRÜHZEIT

VON

PETER KAPLONY

SUPPLEMENT

1964

OTTO HARRASSOWITZ · WIESBADEN

Gesamtherstellung: BOD, Hamburg
Printed in Germany
ISBN 978-3-447-00055-0
Otto Harrassowitz GmbH & Co. KG
Kreuzberger Ring 7c-d, D-65205 Wiesbaden,
produktsicherheit.verlag@harrassowitz.de

INHALTSVERZEICHNIS

Vorwort VII

Vorbemerkungen zum Abbildungsverzeichnis und zu den Abbildungen 1

Abbildungsverzeichnis 3

Nachtrag 39

Verzeichnis der Titel 45

Verzeichnis der Orts- und Ämternamen 47

Abbildungen 49

Tafeln I-XII

- - - - - - - -

VORWORT

Unsere Untersuchung "Die Inschriften der ägyptischen Frühzeit" (Ägyptologische Abhandlungen 8, Otto Harrassowitz 1963) werden wir durch Supplementbände ergänzen; sie sollen das im Laufe der Zeit neu hinzugekommene wissenschaftliche Material systematisch erfassen und kommentieren.

Die neuen Inschriften des hier vorgelegten Supplements gehören in den Rahmen der drei Teile unserer Untersuchung "Die Inschriften der ägyptischen Frühzeit" (im folgenden als IÄF zitiert); an die letzte Abb. der IÄF (Abb.883) schliesst die erste Abb.-Nummer des Supplements an (Abb.884). In Abb. 884-1o9o des Supplements, hier nur durch das knappe Abbildungsverzeichnis erläutert, legen wir vor allem Material von einer Ägyptenreise 1963 vor.

Im Bemühen, die archaischen Texte in Ägypten kennenzulernen, bin ich von den Behörden des Cairener Museums, vor allem den Herren Dr. Victor Girgis, Dr. Abd el Mohsen el Khashab, Dr. Abd el Kader Salim, Gamal Salem und Mohammed Hasan Abd ur Rahman grosszügig unterstützt worden. Mein besonderer Dank richtet sich an den Generaldirektor des ägyptischen Antikendienstes, Herrn Dr. Anwar Shukry, den Direktor der ägyptischen Provinzmuseen, Herrn Rashid Noeir, und an Herrn Mohammed Abd el Tawab el Hitta, Oberinspektor von Sakkara und Heluan. Sie haben mir, zusammen mit den Inspektoren Mohammed Nasef, Munir Basta, Gamal und Ahmed Musa, die Arbeit in Magazinen von Heluan und Sakkara ermöglicht. All den genannten Herren danke ich herzlich für ihre Hilfe und ihre Erlaubnis, die Texte an dieser Stelle zu publizieren. Herr Professor Dr. Abubakr überliess mir freundlicherweise die Speisetischszene Abb. 1o57 zur Veröffentlichung; Herrn Professor Dr. H.W. Müller verdanke ich die schöne Fotografie von Sp 43 (Abb.1o54).-

Endlich wurde ich mit der grossen Privatsammlung Michailidis bekannt. Dank der unermüdlichen Hilfe von Herrn Georges Michailidis darf ich hier wohl den grössten Teil der archaischen Texte aus seinem Besitz veröffentlichen.

Die Herren Professoren Dr. W. Helck und Dr. E. Otto zeigten sich ohne Zögern bereit, das Supplement als Band 9 ihrer Ägyptologischen Abhandlungen erscheinen zu lassen. Ihnen gilt mein aufrichtiger Dank, ebenso Herrn Dr. L. Reichert vom Verlag für sein Interesse und für die Förderung dieser neuen Arbeit über die archaischen Inscnriften durch die Aufnahme in sein Verlagsprogramm.

Heidelberg, im Sommer 1963

Peter Kaplony

VORBEMERKUNGEN ZUM ABBILDUNGSVERZEICHNIS UND ZU DEN ABBILDUNGEN

Die Unterlagen für die Abbildungen sind wie in IÄF von unterschiedlichem Wert. Die möglichst genauen Facsimile-Zeichnungen geben wir im Masstab 1:1 oder beschreiben die genauen Masse. Den Hauptteil der neuen Abb. bilden die 1936 von König Fuad I. dem Cairener Museum geschenkten Siegelzylinder (vgl. IÄF, 36; zu Engelbach, ASAE 41 (1942), 219 ff. sind der frühere Bericht Engelbachs, ASAE 40 (1940), 591 ff. und t 62 ff., und die Notiz CdE Nr. 22 (1936), 471 zu stellen).

Die Inschriften der Cairener Zylinder sind nach Bleistiftabrieben gezeichnet, mit Ausnahme von JdE 72576-583. 586. 587. 589. 591. 593. 595. 596. 599. 6o1 (aus der früheren Sammlung König Fuad I.), sowie JdE 43121. Diese sind nach Fotos von Abrollungen 1:1 gezeichnet. Für die Bleistiftabriebe der Siegelzylinder Michailidis lagen Gipsabdrücke vor. Ihr Material ist im Einzelnen nicht bekannt; nach Herrn G. Michailidis handelt es sich in der Regel um den für die Zylinder typischen schwarzen Stein.

Anders als in IÄF bringen wir mehrere Inschriften nur in Fotos, wenn die Originale selbst nicht kopiert werden konnten oder überhaupt nicht erreichbar waren. In Abb.1o41. 1o43. 1o49 1o65. 1o76. 1o77. 1o81 haben wir die schlechte Fotovorlage auf die Masse des Originals vergrössert umgezeichnet. Vgl. auch Abb. 895. 1o32. 1o36. 1o61. 1o62.

Einige archaische Inschriften der Sammlung Michailidis können wir mangels Abbildungs-Vorlagen nicht veröffentlichen, so eine Pavianstatue aus Assuangranit mit Inschrift 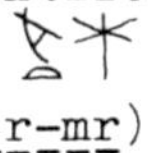 (vgl. die Berliner Pavianstatue mit Inschrift von N῾r-mr) und die unten Abb. 1o5o besprochenen Kügelchen, ein zylindrisches Basaltgefäss mit Inschrift von Mrjt-Nt, zwei Inschriften mit der Gruppe rḫjt, auf einer Alabasterschale und auf einem bauchigen Alabastergefäss. Eine dritte Inschrift mit Gruppe *rḫjt* kennen wir von einem zylindrischen Alabastergefäss der Sammlung Föhr (Cochem/Mosel - Jaunde/Kamerun). Bei Föhr sollen ausserdem noch ein Alabastergefäss mit Inschrift  und eine Kupferhacke(?) mit dem Namen *Ip* sein (alle früher Sammlung Michailidis). Diese und einige andere Texte, von denen wir Hinweise, jedoch keine Abbildungsvorlagen haben, hoffen wir so bald wie möglich zu veröffentlichen.

Zu den ältesten mesopotamischen Siegeln vgl. jetzt P. Amiet, La glyptique mésopotamienne archaique (Paris 1961).

- - - - - - - -

ABBILDUNGSVERZEICHNIS

Abb. 884 Z Griffith, AAA 8 (1921), 1o. 12 f. und t 2 = A 1912. 242.

Elfenbein; aus dem frühdynastischen Friedhof von Faras. Nach Griffith könnten die drei rechteckigen Gebilde srḫ-Darstellungen sein. Da die Publikation durch das >< eine vertikale Schraffur (Beschädigung) laufen lässt (so >|<), handelt es sich vielleicht um eine Neithstandarte (mit drei Pfeilen; vgl. Abb. 714) über dem srḫ, wie in Abb. 2o1.

Mit unklaren Namensbestandteilen (fremde Sprache und fremde Schrift? Vgl. Abb. 885. 917bis. 938. 996bis. 1o46. In Nubien sind noch weitere, bisher unveröffentlichte Rollsiegel der archaischen Zeit gefunden worden, in Anibe (Z Cairo $\frac{22}{58}+\frac{3}{28}$, Grabungsnummer HC 44o), Akscne (A, Leclant, Orientalia 32 (1963), 192) und Wadi Halfa (A, nach Auskunft von Prof. Säve-Söderbergh)).

Abb. 885 Zwei Verschlüsse mit A des gleichen Z Reisner, The Archaeological Survey of Nubia. Report 19o7/19o8 I, 232 f. 238. 331 und t 65 f, sowie S. 16 des Tafelbandes.

Aus dem frühdynastischen Friedhof von Siali. In den zwei A untereinander scheint der Baum nicht die gleichen Zweige zu haben. Reisners Publikation ist sehr unklar. Auch die Angabe Reisners, die Verschlüsse seien 1:6 abgebildet, ist kaum richtig. Wir zeichnen die zwei Verschlüsse in doppelter, nicht sechsfacher Grösse der Publikation. Die Abrollungen erscheinen auf zwei Klumpen Lehm, mit denen der Durchgang in das Nachbargrab verschlossen wurde.

Mit unklaren Namensbestandteilen (fremde Sprache und fremde Schrift? Vgl. Abb. 884. 917bis. 938. 996bis. 1o46), einer Kuh(?) auf Standarte(?), zwei Hunden, einem Falken auf einem Baum, einer Reihe von Vögeln(?) und einer Sitzfigur mit

Speisetisch (? Vgl. v.Bissing, SBAW (1952), 71. 79 Abb. 77).

Abb. 886 Z Cairo JdE 43121 (1911 registriert).

"Email"; aus der Grabung von Reisner-Fisher in Zawyet el Aryan. Dazu vgl. IÄF, 65 f.

Mit vier Fischen und Schraffur.

Abb. 887 Z Cairo JdE 72536 (früher Sammlung König Fuad I.).

Schwarzer Stein.

Siegel von Ḥm(t)-Nt; mit Figur am Speisetisch.

Abb. 888 Z Michailidis.

Siegel von Sn-iw(?)-Nt (vgl. Abb. 61o); mit Figur am Speisetisch.

Abb. 889 Z Michailidis.

Privatsiegel von İḥt-sn-kꜣ-Nt.

Abb. 89o Z Cairo JdE 72568 (früher Sammlung König Fuad I.).

Schwarzer Stein.

Mit Namensbestandteil Nt.

Abb. 891 A auf Verschluss Typ V Cairo $\frac{27}{27}+\frac{9}{1}$ (Nr. 23).

Wohl B-Friedhof (ohne Marke; zusammen mit Verschlüssen Amélineaus von Prj-ib-sn aus Abydos aufbewahrt).

Beamtensiegel vom Zelt; Psš-kf.

Abb. 892 A auf Verschluss Typ II (GT III) Grab Sakkara 35o6, Cat. 1o5 - Sakkara (Emerys Magazin).

Dieser Verschluss mit der Cat.-Nr. 1o5 befindet sich unter den anderen Verschlüssen aus Grab Sakkara 35o6. Nach Klasens (GT III, 64) hat Cat. 1o5 die A Abb. 218. 3o6; in Wirklichkeit zeigt der Verschluss die für Grab Sakkara 35o6 vereinzelten A Abb. 892. 1o35.

Gemischt-einzeiliges Amtssiegel von Dwn; nicht identisch mit Abb. 198-2oo.

Abb. 893 A Grab Sakkara 3o6o = Sakkara (Emerys Magazin).

Vgl. die Skizze IÄF, 144. Es handelt sich sicher nicht, wie Smith angenommen hat, um den Horusnamen Smr-ḫt; denn es fehlt das -ḫt; unter smr sieht man eine waagrechte Linie; auf dem vermeintlichen srḫ steht kein Horusfalke; nach der oberen Rand- oder Schnittlinie fehlt auf der A der Platz für den Horusfalken. Die A ist ausschnittweise auf 17 Verschlüssen des Typs  aus gelbem Lehm erhalten. Die 17 Belege sowie die zwei des gleichen Typs der folgenden Abb. werden zusammen mit Verschlüssen aus bekannten Ausgrabungen Emerys aufbewahrt.

Beamtensiegel von Nj-ḥp(t)-Sšꜣt; smr-pr (oder von der ḥwt-smr?), zš-mḏꜣt-nṯr, vom pr-....

Abb. 894 A und B Auf zwei Verschlüssen findet sich je eine unvollständige A, die an Abb. 893 erinnert, mit dieser jedoch nicht zusammenfällt. Die zwei A gehören wohl zum gleichen Siegel, das vielleicht eine Variante von Abb. 893 dargestellt hat. Man glaubt ausser Sšꜣt noch ḥ und p, von den Titeln z[š]-m[ḏꜣt]-n[ṯr] und s[mr] zu erkennen.

Abb. 895 Verschluss Typ VIB mit A Cairo JdE 7o1o1 (vgl. auch f).

Grab Sakkara 3o35; von Emery, Hemaka, nicht genannt und nicht abgebildet. Das Muster ist sicher einzeilig-sechsgliedrig mit Wiederholung jedes zweiten Gliedes. Meine Kopie des Originals zeigt 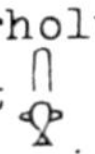. Vielleicht ist  gemeint (vgl. f), was man für eine vereinzelte Wiedergabe von wḏb  im Titel ḥrj-wḏb halten kann. Auch die Schreibung des Personennamens Smjw ist unklar. Nach meiner Kopie vom Original steht auf der mittleren A rechts von It , nach der f eher ; vielleicht steht  (so) da. In der unteren A gibt meine Handkopie wieder deutlich  neben It.

Auf der f steht der Verschluss Abb. 895 (= Cairo JdE 7o1o1) in der Mitte der oberen Reihe, rechts davon der Verschluss Abb. 1036 (= Cairo JdE 70102; vgl. unten), links davon der Verschluss Cairo JdE 70100, darunter der Verschluss Cairo JdE 70103. Cairo JdE 70100. 70103 tragen A von Abb. 211. Im Anschluss an Abb. 895 zeichnen wir diese beiden Verschlüsse des Typs VIB in Originalgrösse. Die Pfeile geben den Verlauf der A Abb. 211 an. NB.: Es existieren also zwei Verschlüsse mit A Abb. 211, nicht nur ein Verschluss, wie Emery sagt.

Beamtensiegel des zẖn-iꜣḫ und ḥrj-wḏb(?) Smjw, S. von Iṯ.

Abb. 896 Z Cairo JdE 72550 (früher Sammlung König Fuad I.).

"Red jasper".

Beamtensiegel des sḏꜣwtj-ẖrj(t)-š und zẖn-iꜣḫ Ṯjn.

Abb. 897 Z Saad, El hafâir el malikîja bi Helwân (Cairo 1952), 82 und Abb. 96.

"Hämatit"; aus Heluan D. H. 9.

Beamtensiegel des ḥrj-ꜥ-pr und ḥrj-wḏb Imtd(j)(?).

Abb. 898 Z Cairo JdE 72563 (früher Sammlung König Fuad I.).

Schwarzer Stein.

Beamtensiegel des Ṯjj vom pr tpj-ḏw-f (?? Ist das f Lesehilfe zu 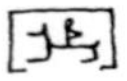 und deutet es an, dass man einen besonderen Anubisnamen lesen muss?); S. von Išd.

Abb. 899 Z Cairo JdE 72583 (früher Sammlung König Fuad I.).

"Grey steatite".

Beamtensiegel des sḥḏ-smnt Prjt-n(?); S. von Nfr-nṯr(t)-wḏ(t)-ꜥnḫ. (Zu smnt vgl. Leclant, Orientalia 26 (1957), 73 Anm. 1.)

Abb. 900 Z Michailidis.

Ist mrj in Mrj(t)-n-Min(?) einmal mit  geschrieben?

Beamtensiegel des (der) mjtr(t) Mrj(t)-n-Min(?); S. (Tochter) von Nj-mrwt.

Abb. 9o1 Z Cairo JdE 72595 (früher Sammlung König Fuad I.).

Schwarzer Stein. Unter  steht wohl .

Beamtensiegel des mjtr(?) Smj-n(?); S. von Zššt(?).

Abb. 9o2 Z Michailidis.

Holz? Zuweisung zur Gruppe Abb. 898 ff. unsicher;  könnte auch Personenname sein. Es ist unklar, ob unter sḏ3wtj etwas fehlt.

Beamtensiegel des sḏ3wtj oder sḏ3wtj /// Sn, S. von Rḥw?

Abb. 9o3 Z Cairo JdE 7258o (früher Sammlung König Fuad I.).

"Serpentine".

Kollektivsiegel ohne Titel von Nj-hb und Nfr-qd-m3ʿt, Söhnen von Mrj-ʿnḫ-f.

Abb. 9o4 Z Michailidis.

Kollektivsiegel ohne Titel, von Nj-mrwt-rnw und Mrj-nfrw(?), Söhnen von Ḏf3jt (zu  in nfrw vgl. , 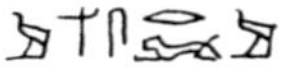 PT 29o a).

Abb. 9o5 Z Michailidis.

Beachte  als Namen oder Namensbestandteil in den drei Prinzennamen Abb. 568. 9o5. 9o6.

Kollektivsiegel der zwei Prinzen Itj und Mhn, der Söhne von ʿnḫ-wd3t.

Abb. 9o6 Z Cairo JdE 72549 (früher Sammlung König Fuad I.).

"Chalcedony".

Kollektivsiegel der drei Prinzen (Prinzessinnen) Mhn-psḏt(?) Irjt-n-Min und Rnw.

Abb. 9o7 Z Cairo JdE 72589 (früher Sammlung König Fuad I.).

"Burnt bone" (vgl. Abb. 427).

Kollektivsiegel der drei Personen Nfr-ḫꜣ-njswt, Nj-mrwt-rnw und .....; mit Figur am Speisetisch.

Abb. 9o8 Z Cairo JdE 72578 (früher Sammlung König Fuad I.).

Schwarzer Stein, unter dem  steht vermutlich .

Kollektivsiegel wohl von drei Personen ohne Titel; nur der Name Nj-mrwt-rnw ist lesbar.

Abb. 9o9 Z Michailidis.

Kollektivsiegel wohl von drei Personen ohne Titel, Rwḏ, Mnw-njswt (vgl. Abb. 382) und Nfr-qd-mꜣꜥt.

Abb. 91o Z Cairo JdE 72581 (früher Sammlung König Fuad I.).

"Dark grey schist".

Mit dem Titel šms und den zwei Namen Nbw und Qmꜣ(?)-Sbk.

Abb. 911 Z Michailidis.

Mit dem Titel šms und den zwei Namen Nfr-qd-mꜣꜥt und ꜥwj-f(j)-n(?).

Abb. 912 Z Michailidis.

Lies wohl .

Mit Figur am Speisetisch und den zwei Namen Nbj(?) und Nj-mrwt-rnw.

Abb. 913 Z Cairo JdE 72582 (früher Sammlung König Fuad I.).

"Grey steatite".

Mit den zwei Namen Nj-mrwt und Prj-n-ꜥnḫ.

Abb. 914 Z Michailidis.

Mit den zwei Namen Istj(?) und Nj-mrwt-rnw.

Abb. 915 Z Cairo JdE 72545 (früher Sammlung König Fuad I.).

"Grey stone".

Beamtensiegel des sḏ³wtj-nb Šps (vgl. Abb. 436. 543. 916. 917).

Abb. 916 Z Cairo JdE 72546 (früher Sammlung König Fuad I.).

"Red stone".

Beamtensiegel des sḏ³wtj-nb Šps.

Abb. 917 Z Cairo JdE 72547 (früher Sammlung König Fuad I.).

"Brown serpentine".

Beamtensiegel des sḏ³wtj-nb Šps.

Abb. 917bis (die z ist unter den Abbildungen des Nachtrags zu finden) Verschluss Typ VI(?) B(?) Simpson, Expedition 4 Nr. 4 (Sommer 1962), 38 f. 46.

Keine Massangabe; aus Toschke. Einordnung in Klasse C (Titel + fünfmalige Wiederholung des Namens?) unsicher.

Beamtensiegel des Ölstampfers (? Baumeisters? ḫwzj? ⟶ Lesehilfe zum unechten Ideogramm  ? Zu  vgl.  tj Abb. 583) Ḥ(t)?.

Abb. 918 Z Cairo JdE 65889 (1935 von Nahman erworben).

Schwarzer Stein; angeblich aus dem Delta.

Siegel von Iḫt-f oder Iḫt-it-f; mit Figur am Speisetisch.

Abb. 919 Z Cairo JdE 72554 (früher Sammlung König Fuad I.).

Schwarzer Stein. Wenn man den Z der C-Klasse zuordnet, so ist zweimal Mrj-k³, einmal jedoch ein n zusätzlich geschrieben. Vgl. Nj-wᶜ-k³ als Variante (Kurzform) zu Wᶜ-k³ und Nj-ḥtp-H̱nm als Variante zu Ḥtp-H̱nm IÄF, 513.

Privatsiegel von (Nj-)Mrj-k³.

Abb. 920 Z Michailidis.

Privatsiegel von Sn.

Abb. 921 Z Cairo JdE 72544 (früher Sammlung König Fuad I.).

Schwarzer Stein.

Siegel von Šps-sšm-nṯr(t); mit iꜣḫ-Titel.

Abb. 922 Z Cairo JdE 72558 (früher Sammlung König Fuad I.).

Schwarzer Stein.

Siegel mit den Namensbestandteilen (?) wr(?), kꜣ und wsḫ (wie zu verbinden?); mit iꜣḫ-Titel.

Abb. 923 Z Cairo JdE 72551 (früher Sammlung König Fuad I.).

Schwarzer Stein.

Siegel von Njt-wsḫ(t)(?); mit iꜣḫ-Titel.

Abb. 924 Z Michailidis.

Privatsiegel von Itj-Nt.

Abb. 925 Z Michailidis.

Privatsiegel von Inj-nbt (oder Iwj-nbt).

Abb. 926 Z Cairo JdE 7254o (früher Sammlung König Fuad I.).

Schwarzer Stein.

Siegel von Mrj-s; mit Figur am Speisetisch.

Abb. 927 Z Michailidis.

Beamtensiegel des Šdb(?) vom pr- . Vgl. den AR-Titel imj-rꜣ [ ] pr-ʿꜣ Hassan, Giza VI-3, 73. 77 (wo der Krug irrtümlich nw gelesen wird); Mariette, Mastabas D 47.

Abb. 928 Z Michailidis.

Beamtensiegel des qstj Wꜣḏ(?)-rꜣ(?)-šps.

Abb. 929 Z Hamada-Farid, ASAE 48 (1948), 3o2 Anm. 6. 3o3 und t 11 = Cairo JdE 87981 (1946 gefunden).

Schwarzer Stein; aus Kom el Hisn. Vor dem ḏ steht wahrscheinlich ein undeutliches und verwittertes šd-Zeichen. Ist das ↿ über dem ṯ zufällig?

Siegel von Šdj-n-nṯr(t); mit iꜣḫ-Titel.

Abb. 930 Z Michailidis.

Siegel von Šdj-kꜣ-f; mit iꜣḫ-Titel.

Abb. 931 Z Michailidis.

Siegel von Nj-Nt-šps; mit iꜣḫ-Titel.

Abb. 932 Z Michailidis.

Siegel von Ḥpt-Min(?); mit iꜣḫ-Titel.

Abb. 933 Z in Cairo im Handel gesehen (1962/1963).

Keine Mass- und Materialangabe. Das Muster ist wahrscheinlich zu verstehen als  .

Siegel von Rdj(t)-f; mit iꜣḫ-Titel.

Abb. 934 Z Cairo JdE 72533 (früher Sammlung König Fuad I.).

Schwarzer Stein.

Siegel von Nj-sšr-Nt oder Nj-sṯj-Nt; mit Figur am Speisetisch.

Abb. 935 Z Cairo JdE 72535 (früher Sammlung König Fuad I.).

Schwarzer Stein.

Siegel von Nb(t)-iḫt-Nt; mit Figur am Speisetisch.

Abb. 936 Z Cairo JdE 72539 (früher Sammlung König Fuad I.).

Schwarzer Stein.

Siegel von Nj(?)-sḫt(?)-Ḫnm; mit Figur am Speisetisch.

Abb. 937 Z Cairo JdE 72569 (früher Sammlung König Fuad I.).

Schwarzer Stein.

Siegel von Sn; mit Figur am Speisetisch.

Abb. 938 *Z* Emery-Kirwan, The Excavations and Survey between Wadi es-Sebua and Adindan 1929-1931 I, 45o ff. 471 und Abb. 443,4 = Cairo JdE 8621o.

Schwarzer Stein; aus einem frühdynastischen Friedhof nördlich der Tempel von Abu-Simbel.

Siegel von *Nj-wsḫt-k3-Nt*; mit Figur am Speisetisch.

Abb. 939 *Z* Michailidis.

Siegel von *.....*; mit Figur am Speisetisch.

Abb. 940 *Z* Michailidis.

Man sieht wohl zwei an den Ästen verwitterte Baumzeichen.

Siegel von *Im3-w3ḏ-Nt*; mit Figur am Speisetisch.

Abb. 941 *Z* Michailidis.

Siegel von *Iḫt-sn*; mit Figur am Speisetisch.

Abb. 942 *Z* Cairo JdE 72559 (früher Sammlung König Fuad I.).

Dunkelgrauer Stein. Liegt die Verbindung 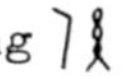 *Ṯḥnw* vor (IÄF, 393)?

Privatsiegel mit Namensbestandteil *k3*.

Abb. 943 *Z* Cairo JdE 72561 (früher Sammlung König Fuad I.).

Schwarzer Stein.

Privatsiegel von *......*.

Abb. 944 *Z* Cairo JdE 72567 (früher Sammlung König Fuad I.).

Schwarzer Stein.

Privatsiegel von *Nḥ*.

Abb. 945 *Z* Michailidis.

 stellt wohl *nfr* dar.

Privatsiegel von *Nfr-wḏt-k3*.

Abb. 946 *Z* Michailidis.

Privatsiegel von *Zḫ-Nt*.

Abb. 947 *Z* in Cairo im Handel gesehen (1962/1963).

Keine Mass- und Materialangabe.

Privatsiegel mit unklaren Namensbestandteilen.

Abb. 948 *Z* in Cairo im Handel gesehen (1962/1963).

Keine Mass- und Materialangabe.

Privatsiegel mit Namensbestandteil *wꜣḏ*.

Abb. 949 *Z* Michailidis.

Beamtensiegel des *sḏꜣwtj-nb* *Imr(j)*.

Abb. 950 *Z* Michailidis.

Die kleinen *t*(?)-Zeichen sind unklar. Sie fehlen in der vorhergehenden Abb. Das Zeichen über dem *r* ist nach Abb. 949 wohl als  zu verstehen, so dass der Strich in  nur Zufall ist.

Beamtensiegel des *sḏꜣwtj-nb* *Imr(j)* (o.ä.).

Abb. 951 *Z* Cairo JdE 72543 (früher Sammlung König Fuad I.).

Schwarzer Stein.

Siegel von *Šps*; mit *iꜣḫ*-Titel.

Abb. 952 *Z* Michailidis.

Siegel von *Zšn*; mit *iꜣḫ*-Titel.

Abb. 953 *Z* Michailidis.

Siegel von *Wpj-Nt* (oder *Wpp-Nt*? G-Klasse?); mit Figur am Speisetisch.

Abb. 954 *Z* Michailidis.

Privatsiegel von *Rḏjt-Ḫnm*.

Abb. 955 Z Michailidis.

Der Z gehört in die Phonemklasse, da wohl ein jj zuviel dasteht.

Privatsiegel (wie sind die Bestandteile injj, nṯr und ist zu verbinden?).

Abb. 956 Z Michailidis.

Privatsiegel von Imꜣ-n-šps.

Abb. 957 Z Michailidis.

Das Muster endet entweder so: (= ; die obere waagrechte Linie in ist dann nur ein Kratzer) oder so: . In diesem Fall erscheint š auf der A viermal ( ).

Privatsiegel von (Nj-)šps.

Abb. 958 Z Cairo JdE 72556 (früher Sammlung König Fuad I.).

Schwarzer Stein. Das stellt eher ein f als eine Variante von nw dar. Vor sieht man deutlich ein kleines Zeichen, wohl . Ist sḏꜣwtj-ḫrj(t)-nb "Siegler dessen, was die Goldsachen betrifft", Variante zu sḏꜣwtj-nb, in Anlehnung an sḏꜣwtj ḫrj(t)-š-nb(t) geschaffen? Vgl. auch unten Abb. 995.

Beamtensiegel des sḏꜣwtj-ḫrj(t)-nb Sḫꜣ-kꜣ-f(?).

Abb. 959 Z Michailidis.

Es ist unklar, ob unter ein t steht.

Beamtensiegel des irj-iḫt(?) vom iz-wꜥ(j)(d.h.?) Msj.

Abb. 96o Z Michailidis.

Beamtensiegel des ḥm-njswt Mrj-šdj(?) (fehlt; vgl. IÄF, 651 ?).

Abb. 961 Z Michailidis.

Beamtensiegel des mjtr Šfꜣt(j).

Abb. 962 *Z* Michailidis.

Unter dem *š* steht vielleicht *f* (oder  zum zweiten Mal? Dann gehört der *Z* in die Morphemklasse).

Beamtensiegel des *mjtr* *Mrj-šdj-f*(?).

Abb. 963 *Z* Cairo JdE 72593 (früher Sammlung König Fuad I.).

"Serpentine".

Beamtensiegel des *ḥm-nṯr-tpj*(?) *Ḥtḥr* *Nj-mrwt-rnw*.

Abb. 964 *Z* Michailidis.

Beamtensiegel des *ḥm-nṯr-...* *Ḥtḥr* *Nj-mrwt-rnw*.

Abb. 965 *Z* Michailidis.

Beamtensiegel des *ḥm-nṯr-Ḥtḥr* *Nj-mrwt-rnw*.

Abb. 966 *Z* Petrie, Illahun, Kahun and Gurob t 8,37 (1889/1890 gefunden).

Kalkstein; aus Kahun. t 8 Petrie, a.a.O., ist mit "small objects and scarabs" überschrieben; es findet sich kein Hinweis, dass es sich bei Abb. 966 um einen *Z* handelt, doch kann nach der Zeichnung Petries kein Zweifel daran sein. Das  -artige Zeichen ist gewiss als  zu verstehen (vgl. Abb. 964. 965).

Beamtensiegel des *ḥm-nṯr-...* *Ḥtḥr* *Nj-mrwt-rnw*.

Abb. 967 *Z* Cairo JdE 72553 (früher Sammlung König Fuad I.).

Schwarzer Stein.

Beamtensiegel des *ḫt-gs(w)* *Mn-kꜣ*; mit *iꜣḫ*-Titel.

Abb. 968 *Z* Cairo JdE 72552 (früher Sammlung König Fuad I.).

Schwarzer Stein.

Siegel von *Wsḫtj* oder *Ḥtj*; mit *iꜣḫ*-Titel.

Abb. 969 Z Michailidis.

Siegel von Ztjw; mit i3ḥ-Titel.

Abb. 97o Z Cairo JdE 35892 (19o2 erworben).

Schwarzer Stein; aus Assuan.

Siegel von Nj-sj-ḏdwj; mit Figur am Speisetisch.

Abb. 971 Z Cairo JdE 72541 (früher Sammlung König Fuad I.).

Schwarzer Stein.

Siegel von Imtḏj(?); mit Figur am Speisetisch.

Abb. 972 Z Michailidis.

Siegel von Nj-z3(?)-Nt; mit Figur am Speisetisch.

Abb. 973 Z Michailidis.

Siegel von Ḫnmt-s; mit Figur am Speisetisch.

Abb. 974 Z Michailidis.

Siegel von (R)ḏj-s(j)-Nt; mit Figur am Speisetisch.

Abb. 975 Z Michailidis.

Siegel von Im3-n-Nt; mit Figur am Speisetisch.

Abb. 976 Z Michailidis.

Siegel von K3-pw-Nt; mit Figur am Speisetisch.

Abb. 977 Z Michailidis.

Siegel von M3-z3b; mit Figur am Speisetisch.

Abb. 978 Z Michailidis.

Siegel von Mrj-s(j)-Nt; mit Figur am Speisetisch.

Abb. 979 Z Michailidis.

Wir möchten das unklare  als  verstehen.

Siegel von Nj-sqr(?)-Qbḥwt(?); mit Figur am Speisetisch.

Abb. 980 Z Cairo JdE 65887 (1935 von Nahman erworben).

Schwarzer Stein; angeblich aus dem Delta.

Privatsiegel von Wꜣš(?)-ḏw(?)-sqr-Qbḥwt.

Abb. 981 Z Cairo JdE 72555 (früher Sammlung König Fuad I.).

"Green serpentine".

Privatsiegel von Ḥsp(t)-zꜣ(t)(?)-sḫt.

Abb. 982 Z Cairo JdE 72566 (früher Sammlung König Fuad I.).

Schwarzer Stein.

Privatsiegel von Ḥp-Inpw.

Abb. 983 Z Michailidis.

Privatsiegel mit dem Namensbestandteil zꜣ (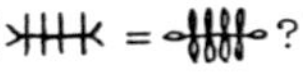 ?) oder zpꜣ.

Abb. 984 Z Michailidis.

Privatsiegel von Sqr-zꜣ(?)-n-sḫt.

Abb. 985 Z Roeder, Mitteilungen 2 (1932), 111 und Abb. 7; Hermopolis (1929-1939) 75. 228. 267 und t 49 1.

"Schwarzer Stein"; "Schwarzer Speckstein"; aus Hermopolis. Die vertikalen Linien, die die A begrenzen, fehlen in der Publikation.

Privatsiegel von Inḏt-kꜣ-f.

Abb. 986 Z Michailidis.

Verwaltungssiegel mit dem Titel ḥm-nṯr-Ḥtḥr nb(t)-nht.

Abb. 987 Z Cairo JdE 72591 (früher Sammlung König Fuad I.).

"Green serpentine".

Verwaltungssiegel (des AR): ʿnḫ smr-pr mrr nb[-f] (Spuren von f erhalten?) ḥm-pr(?) (oder zḫn-ḥm?) irr šmsw (??) ..... irr wḏt nb-f rʿ nb.

Abb. 988 Z Michailidis.

Wohl Verwaltungssiegel; mit den Beititeln *mrjj-nṯrw*, *ḏ(wꜣ?) n Ḥtḥr* und einer unklaren Gruppe.

Abb. 989 Z Michailidis.

Verwaltungssiegel(?); mit Erwähnung von *Ḥtḥr* und *nṯrw*.

Abb. 990 Z Cairo JdE 72587 (früher Sammlung König Fuad I.).

"Serpentine".

Verwaltungssiegel (des AR) mit den Titeln *ḥrj-tp-njswt*, *imj-rꜣ zš(w)-ꜥprw*, *ḥrj-sštꜣ*)lies  oder  ?), *smr-wꜥtj* und *m[rj](?)-njswt*.

Abb. 991 Z Cairo JdE 72564 (früher Sammlung König Fuad I.).

Schwarzer Stein.

Beamtensiegel eines Sieglers mit unklaren Namensbestandteilen.

Abb. 992 Z Cairo JdE 87491.

"Pink limestone"; aus Heluan. ("Royal sondages". Gemeint sind wohl die ersten Versuchsgrabungen, aus denen z.B. auch Sp 15 stammt.) Unter *sḏꜣwtj-nb* steht wohl eher  *wḏb* als ein auf der rechten Seite verwittertes  *š*.

Beamtensiegel eines *sḏꜣwtj-nb-wḏb*(?) (vgl. den Titel *ḥrj-wḏb*) mit unklaren Namensbestandteilen.

Abb. 993 Z Michailidis.

Beamtensiegel eines Sieglers mit Namensbestandteil *ipt* ( ; vgl. IÄF, 501).

Abb. 994 Z Cairo JdE 72579 (früher Sammlung König Fuad I.).

"Hard limestone filled with bl. (d.h. "blue") paste".

Beamtensiegel eines *smr-pr* ( so!) des Opfers und *sḏꜣwtj n ḏꜥm*, wohl mit dem Beititel *imꜣḫ njswt*(?) *nb* "der Ehrwürdige jedes Königs(?)". Vielleicht ist in dieser Gruppe und in der folgenden der Beamtenname zu suchen. Oder handelt es sich um zwei Namen?

Abb. 995 Z Michailidis.

Vom Titel ist nur [Hieroglyphe] sicher. Links davon steht höchstwahrscheinlich 𓎟 . [Hieroglyphe] darüber gehört wohl zu ḫrjt und ist kein verwittertes 𓋴 s.

Beamtensiegel eines sḏꜣwtj-ḫrjt-nb; mit den Namensbestandteilen Nt und msj.

Abb. 996 Z Michailidis.

Holz? Das Zeichen [Hieroglyphe] gabelt sich vielleicht (so [Hieroglyphe]) am unteren Ende.

Mit Titel irj-iḫt und den Namen oder Namenbestandteilen Nj-ḥpt und šmꜥ(?). Es ist wohl mehr als ein Name vorhanden?

Abb. 997 Z Cairo JdE 65888 (1935 von Nahman erworben).

Schwarzer Stein; angeblich aus dem Delta.

Mit iꜣḫ-Titel und unklaren Namensbestandteilen.

Abb. 998 Z Michailidis.

Mit iꜣḫ-Titel und unklaren Namensbestandteilen (das Vogelzeichen im Namen lässt sich nicht identifizieren).

Abb. 999 Z Michailidis.

Mit (Relief-)Verzierungen an den oberen und unteren Enden (Verzierungen am Ende sind auch bei Figurenzylindern bekannt. Neben einem unveröffentlichten Figurenzylinder der Sammlung Michailidis vgl. v.Bissing, ZÄS 71 (1935), 40 f.).

Mit iꜣḫ-Titel und unklaren Namensbestandteilen.

Abb. 1000 Z Michailidis.

Mit iꜣḫ-Titel und unklaren Namensbestandteilen.

Abb. 1oo1 Z Michailidis.

Mit iꜣḫ-Titel und unklaren Namensbestandteilen.

Abb. 1oo2 Z Privatsammlung Heidelberg.

Schwarzer Stein. Das Zeichen rechts neben iꜣḫ stellt sicher ein Schiff dar.

Mit iꜣḫ-Titel und unklaren Namensbestandteilen.

Abb. 1oo3 Z Cairo JdE 72538 (früher Sammlung König Fuad I.)

Schwarzer Stein.

Mit iꜣḫ-Titel, Figur am Speisetisch und Namensbestandteil Nt

Abb. 1oo4 Z Cairo JdE 72531 (früher Sammlung König Fuad I.)

Schwarzer Stein.

Mit Figur am Speisetisch und unklaren Namensbestandteilen.

Abb. 1oo5 Z Cairo JdE 72534 (früher Sammlung König Fuad I.)

Dunkelgrauer Stein.

Mit Figur am Speisetisch und Namensbestandteil Nt (zu d, m, Nt vgl. d, n, m, Nt Abb. 1oo3).

Abb. 1oo6 Z Cairo JdE 72537 (früher Sammlung König Fuad I.)

Schwarzer Stein.

Mit Figur am Speisetisch und Namensbestandteil Nt (zur Verbindung von Neith- und Kuhzeichen vgl. IÄF Anm. 1093).

Abb. 1oo7 Z Cairo JdE 72542 (früher Sammlung König Fuad I.)

Schwarzer Stein.

Mit Figur am Speisetisch und unklaren Namensbestandteilen.

Abb. 1oo8 Z Michailidis,

Mit Figur am Speisetisch und Kuh mit Jahreshieroglyphe oder Feder zwischen den Hörnern (vgl. Godron, BIFAO 57 (1958), 143 ff.; IÄF Abb. 654. Ist 𓋴 s Lesehilfe zu Sḫꜣt-Ḥr?).

Abb. loo9 Z Michailidis.

Mit Figur am Speisetisch und unklaren Namensbestandteilen.

Abb. lolo Z Michailidis.

Steht links vor der Sitzfigur ein m?

Mit Figur am Speisetisch und unklaren Namensbestandteilen.

Abb. loll Z Michailidis.

Mit Figur am Speisetisch und Namensbestandteil Nt.

Abb. lol2 Z Erlenmeyer-Erlenmeyer, Orientalia 27 (1958), 359. 372 und Abb. 62 = Privatsammlung Basel; wohl trotz der Grösse echt.

"Sykomorenholz"; etwa die Hälfte des ursprünglichen Umfanges ist erhalten. Höhe 5,5 cm. Nach dem Originalfoto (also nicht nach der f der Publikation) gezeichnet.

Mit Figur am Speisetisch (ausnahmsweise wie die Hieroglyphe gezeichnet) und Namensbestandteil zhn(?).

Abb. lol3 Z Michailidis.

Fragment mit Figur am Speisetisch und Namensbestandteil (r)dj.

Abb. lol4 Z Cairo JdE 72557 (früher Sammlung König Fuad I.).

Schwarzer Stein.

Privatsiegel; mit Namensbestandteil k3. Das Zeichen , die Schreiberpalette(?), begegnet wohl auch in Abb. 690.

Abb. lol5 Z Cairo JdE 72560 (früher Sammlung König Fuad I.).

Schwarzer Stein.

Privatsiegel mit unklaren Namensbestandteilen.

Abb. lol6 Z Cairo JdE 72565 (früher Sammlung König Fuad I.).

Schwarzer Stein.

Privatsiegel; mit den Namensbestandteilen J ztj (zu J , vgl. v.Bissing, ASAE 53 (1956), 319 ff. t 1) und gnd (? Meerkatze?).

Abb. 1017 Z Cairo JdE 72576 (früher Sammlung König Fuad I.). Schwarzer Stein. Wohl wegen der Wiedergabe des Zeichens *ḫ* archaisch.

Privatsiegel mit unklaren Namensbestandteilen.

Abb. 1018 Z Cairo JdE 72577 (früher Sammlung König Fuad I.). Schwarzer Stein.

Kollektivsiegel??

Abb. 1019 Z Cairo JdE 72586 (früher Sammlung König Fuad I.). Schwarzer Stein.

Kollektivsiegel? Mit dem Namen *Nj-mrwt-rnw*? Davor der Name oder Namensbestandteil *šps*.

Abb. 1020 Z Cairo JdE 72596 (früher Sammlung König Fuad I.). "Serpentine".

Siegel mit Vertikaltrenner und wohl mehr als einem Personennamen. Zu  vgl. Abb. 143.

Abb. 1021 Z Cairo JdE 72599 (früher Sammlung König Fuad I.). Schwarzer Stein.

Privatsiegel mit Namensbestandteil *šps*.

Abb. 1022 Z Cairo JdE 72601 (früher Sammlung König Fuad I.). "Pale brown limestone".

Privatsiegel(?) mit den Namensbestandteilen *nfr* und *mrj*.

Abb. 1023 Z Michailidis.

Privatsiegel mit unklaren Namensbestandteilen.

Abb. 1024 Z Michailidis.

Privatsiegel mit unklaren Namensbestandteilen.

Abb. 1o25 Z Michailidis.

Privatsiegel oder Kollektivsiegel ohne Titel; mit Namensbestandteil kꜣ.

Abb. 1o26 Z Michailidis.

Privatsiegel mit Namensbestandteil mḏd.

Abb. 1o27 Z Michailidis.

Mit Namensbestandteil kꜣ.

Abb. 1o28 Z Michailidis.

Privatsiegel mit Namensbestandteil šdj(?) oder msn(?).

Abb. 1o29 Z Michailidis.

Mit Spuren der Zeichen kꜣ(?), Nt(?) und ḫ(?).

Abb. 1o3o Z Michailidis.

Mit Namen oder Namesbestandteil ḥtpw. Kollektivsiegel(?).

Abb. 1o31 Z in Cairo im Handel gesehen (1962/1963).

Privatsiegel mit den Namensbestandteilen šdj und kꜣ.

Abb 1o32 Verschluss Typ VI B mit A RT II, 23 und t 5,17 = Cairo JdE 3494o.

Sḥtj-Friedhof. Vom Original direkt konnten nur die Konturen (Vorder- und Rückseite) sowie die Position des zḥ(-nṯr)-Gebäudes eingezeichnet werden (1.), so dass die Skizze im JdE (2.) und die f Petries im Masstab 4:3 (3.) für die Analyse des Musters verglichen werden müssen. Man sieht den König im Festlauf zwischen zwei Gebäuden ; sodann eine Erscheinungstreppe mit Standarte. Nach meiner Kollation des Originals scheint auf der Treppe der König zu sitzen; wahrscheinlich handelt es sich um eine Doppeltreppe , auf der, einander mit dem Rücken zugewendet, der ober- und der unterägyptische König sitzen (anscheinend unter freiem Himmel, d.h. nicht in einem Doppelpavillon). Schnitt- und Randlinie verlaufen unmittelbar über der Treppendarstellung. Zwischen den zwei Motiven (thronender und laufender König) konnte im Muster keine Verbindungsstelle festgestellt werden. Petrie meint wohl mit dem "very elaborate door pattern of King Zer" das mit sehr vielen Feinheiten gezeichnete -Gebäude; denn der Horusname des Königs war am Original nirgends zu sehen. Da ich das Original nur sehr kurz prüfen konnte, gelten die eben gemachten Beobachtungen als provisorisch. Siegel Abb. 1o32 betrifft wohl ein ähnliches oder das gleiche Ereignis wie Abb. 237, ist jedoch im Unterscheid zu diesem nur auf einem Verschluss erhalten.

Festsiegel (der Horusname von Sḫtj war vielleicht dem laufenden und thronenden König beigeschrieben).

Abb. 1o33 Zylindrisches Alabastergefäss Cairo JdE 45171(B).

Grab Sakkara 2185 (nach einem Abrieb in PEN/G.II/E.I).

Mit unklarer Inschrift (zwei Standarten, als zu ergänzen(?), dahinter ein Skorpion). IÄF Abb. 873 = Cairo JdE 45171(A) stammt aus dem gleichen Grab. Beide Fragmente sind vielleicht in AM t 8,4 abgebildet; im Text von AM werden sie aber nicht erwähnt.

Abb. 1o34 A auf Verschluss Typ II Cairo JdE 37o78(D).

Grab Giza, Nezlet-Batran.

Beamtensiegel(?) von ꜥm-kꜣ (vgl. Abb. 21. 22).

Abb. 1o35 A und B Zwei A auf dem Verschluss (GT III) Grab Sakkara 35o6, Cat. 1o5 = Sakkara (Emerys Magazin).

Vgl. oben zu Abb. 892.

Beamtensiegel des [ꜥnḏ-]mr Stjw.

Abb. 1o36 Verschluss (Typ VI B) mit A Cairo JdE 7o1o2 (vgl. auch f bei Abb. 895).

Grab Sakkara 3o35; von Emery, Hemaka, nicht genannt und nicht abgebildet. Wie auch f zeigt, haften an diesem Verschluss noch Reste der Schnur und des Lederbeutels. (Es muss dies der Lederbeutel sein, für den Emery zwar einen Verschluss mit Abb. 211 verzeichnet; die beiden Verschlüsse mit Abb. 211 zeigen auf der Unterseite aber keinerlei Spuren von Schnur oder Leder.) Sicher zu lesen sind der Titel sḏꜣwtj-nb und der Name Ḥmꜣ-kꜣ. Links von sḏꜣwtj-nb (ist sḏꜣwtj hier oder geschrieben?) ist möglicherweise ein zweites Mal genannt (so nach meiner z des Originals). Nach der f steht hier vielleicht (so) statt . Die Standarte mit Bergzeichen (nie in ganz deutlicher A) erscheint dann auf dem Verschluss dreimal. Man sieht noch mḏd(?), was man kaum mit dem kꜣ-Zeichen darunter zu Mḏd-kꜣ verbinden darf. Der rechte mḏd-Pfosten(?) ist oben etwas abgerundet. Möglicherweise ist zwischen den zwei Pfosten(?) eine wagrechte Verbindungslinie zu sehen.

Beamtensiegel des sḏꜣwtj-nb Ḥmꜣ-kꜣ (mit weiteren, unklaren Titeln).

Abb. 1o37 Verschluss (Typ VI B) mit A Sakkara (Emerys Magazin).

Dieser Verschluss und die folgenden drei desselben Typs sind jetzt in einer Kiste verpackt, die Gegenstände aus Grab Sakkara X enthält. In derselben Kiste befindet sich jedoch auch ein Gefäss aus Grab Sakkara 3111. Neben den Verschlüssen Abb. 1o37-1o4o liegen zwei Verschlüsse (Typ VI B) mit A Abb. 12o (aus Grab Sakkara X), sowie drei Verschlüsse (Typ V) mit A von der einzeiligen Horusnamenreihe des Königs Dwn (vgl. Abb. 2o2-2o4; einmal erkennt man den Titel ḫrp-ḥrj-ib), die nichts mit der A Abb. 202 B aus Grab Sakkara 3o38 zu tun haben. Alle Verschlüsse sind unmarkiert. Vermutlich stammen die Belege von Dwn und diejenigen der Abb. 1o37-1o4o aus den von Emery in GT I veröffentlichten Gräbern.

Beamtensiegel eines ḥrj-sštꜣ (mit unklaren Namensbestandteilen. Das Zeichen rechts von in der oberen Zeile ist wohl oder).

Abb. 1o38 Verschluss mit A Sakkara (Emerys Magazin).

Vgl. die Bemerkungen oben zu Abb. 1o37.

Beamtensiegel mit den Titelbestandteilen  ,  (so!) und den Namensbestandteilen , ,  , ,  (Rdj(t)-ntr?). Gehört zum Namen auch ein  s?

Abb. 1o39 Verschluss mit A Sakkara (Emerys Magazin).

Vgl. die Bemerkungen oben zu Abb. 1o37.

Man erkennt die Zeichen  (?), ,  ,  (wohl als Namensbestandteile).

Abb. 1o4o Verschluss Sakkara (Emerys Magazin).

Vgl. die Bemerkungen oben zu Abb. 1o37. Man sieht nur mehr eine glatte Oberfläche; vermutlich befand sich die A auf der abgebrochenen Fläche (von uns punktiert).

Abb. 1o41 Verschluss (Typ III B) Cairo JdE 34814.

ᶜnd-ib-Grab. Die A dieses Verschlusses konnte nur durch die Vitrine skizziert werden. Die Skizze wird durch eine unscharfe f ergänzt. Danach scheinen sich zwei A zu kreuzen, Abb. 25o und eine der Abb. 246 ähnliche A (die zwei Haushieroglyphen sind hier ungleich hoch, und das Zeichen sqr(?) schaut in umgekehrter Richtung zum Zeichen sqr auf Abb. 246). Obwohl der Durchmesser des Verschlusses nach dem JdE 6 cm beträgt, erreicht unsere z offenbar nicht die Grösse des Originals.

Amtssiegel der hwt p-Hr-wᶜj njswt-bjtj Mr-pw-bjꜣj und Siegel einer hwt-sqr(?) /// (zur Bedeutung des Königsnamens Mr-pw-bjꜣj "Er ist ein fester (o.ä.) Kanal" vgl. den Kanalnamen bjꜣ(j) Urk I 189,12. 199,16; auch PT 1121 a. mr "Kanal" kann wohl allein mit  geschrieben werden, der Hacke, mit der man Kanäle gräbt, z.B. auf der Oxforder Keule von Skorpion).

Abb. 1o42 A auf Verschluss Cairo JdE 35619.

Keine Massangabe. Nach der Skizze im JdE; in den unterirdischen Galerien von Sakkara unter der Unas-Pyramide zusammen mit den Verschlüssen von Htp-shmwj und Rᶜ-nb gefunden (nach dem JdE handelt es sich bei JdE 35619, wie auch Maspero richtig sagt, nicht um mehrere Fragmente, sondern um ein einziges Stück. IÄF, 150 und Anm. 868 ist zu revidieren).

Unklare A.

Abb. 1043 Alabastergefäss Cairo $\frac{11}{30}+\frac{5}{1}$.

Nach meinen Vorlagen ist es unklar, ob das Zeichen  ib(?) dasteht oder aber nicht vorhanden ist und dann ꜥnḫ entsprechend mehr zur Bruchstelle hin gerückt werden muss. Die Inschrift stammt nach dem dornförmigen Krugverschluss aus der 3. Dynastie. Beachte die archaische Wiedergabe der Ohrfedern bei der Eule.

Inschrift eines sm (namens ꜥnḫ-Sṯt??) vom pr-šnꜥ der Getränke ().

Abb. 1044 Verschluss Typ VI B Cairo $\frac{25}{32}+\frac{11}{2a}$.

Aus Sakkara.

Amtssiegel mit Horusnamen von Djoser und Erwähnung eines pr ///.

Abb. 1045 A auf Verschluss aus grauem Lehm Cairo JdE 34811.

Nach der Skizze im JdE; keine Massangabe. Aus Abydos; 1. Grabungsjahr Petries.

Mit Erwähnung von Krügen(?).

Abb. 1046 Verschluss(?) aus grauem Lehm mit A Junker, Bericht über die Grabungen der Akademie der Wissenschaften in Wien auf den Friedhöfen von El-Kubanieh-Süd Winter 1910-1911 (Akademie der Wissenschaften in Wien. Denkschriften phil.-hist. Klasse 62,3), 121 und Abb. 63; 135.

Keine Massangabe. Da das š- oder ḥtp-artige Zeichen nach Junker anscheinend zweimal abgerollt ist, gibt die Zeichung Junkers wohl nicht den Verschluss, den er gefunden hat, wieder, sondern eine Rekonstruktion des Musters aus den zwei oder mehr A des Verschlusses. Die oberste wagrechte Linie deutet dann eine Randlinie an, und die übrigen Konturlinien besagen, wie weit mit Sicherheit unbeschriebene Flächen festgestellt werden können.

Mit Namen Nfr-qd-mꜣꜥt.

Abb. 1o47 St IV,7 = Michailidis (vgl. f: Die Rückseite der St ist zu einem koptischen Grabstein bearbeitet. Vgl. v.Bissing, AfO 6 (193o), 1f. und t 1, 1. 2 = Baumgartel, The Cultures of Prehistoric Egypt II, 1o1 und t 8,1 (archaische Palette, mit Inschrift und Darstellung aus der Zeit von Amenophis III. auf der Rückseite); Landesmuseum Darmstadt, Verzeichnis der ägyptischen Sammlung Nr. 1 (archaisches Steingefäss mit Inschrift von Amenophis III.(!)).

Höhe ca. 4o cm; Kalkstein; aus Abu Roasch. Vgl. IÄF, 2o3 und Anm. 1157. Von den zwei durch Miss Moss belegten Stelen der Sammlung Michailidis zeigt eine den Namen "Beshenka", der nicht zur Aufschrift unserer St passt. Wir setzen sie deshalb mit St IV,7 gleich, von der bisher nichts bekannt war. Die St erinnert an die abydenischen Stelen vom Sḥtj-Friedhof. Allerdings lässt die f die Steinbeschaffenheit nicht deutlich erkennen, auch nicht, ob eine Standlinie vorhanden ist.

Mit ,  (kaum ) und wohl einem Schiff  als Namensbestandteilen und einer sitzenden Frauenfigur.

Abb. 1o48 Schale aus "grey and white mottled limestone" Cairo JdE 86751 (vgl. f).

Durchmesser oben 15,5 cm. Die Schalen Abb. 1o48. 1o49 sind 1943 in einer Kiste mit Topfmarken Amélineaus gefunden worden (Cairo $\frac{21}{43}+\frac{12}{1ff.}$). Sie stammen beide aus der Grabung 1897/1898 in Abydos und tragen die Marke "(Grab) 33"; in NF III sind sie wohl nicht abgebildet.

Mit Inschrift von ʿ-nbwj ().

Abb. 1o49 Schieferschale Cairo 86752.

Vgl. die Bemerkungen oben zu Abb. 1o48. Ist der obere Rand der Schale erhalten?

Mit Inschrift nbwj (lies ʿ-nbwj? Ist das ʿ unter nbwj verwittert?).

Abb. 1o5o A, B und C Drei Spielkugeln (vgl. f 2:1). A ist BM 65834 aus "Yellow limestone(?)", B ist BM 65835 aus "Pinkish limestone(?)". A, B stammen von G.D.Nash, aus dessen Sammlung sie 196o ins British Museum gekommen sind. C ist Cairo JdE 6o33o (1933 von Nahman erworben) aus "Marble" oder "Breccia". Die Masse dieses Kügelchens und des Kügelchens JdE 6o331 (Abb. 1o52) sind im JdE nicht eingetragen. Wir konnten die Originale nicht messen. Sie ergeben sich jedoch aus der f des Museums, auf der der Kamm RT II t 3,2o im gleichen Masstab mit den zwei Kügelchen aufgenommen ist. Auf der f von Abb. 1o5o B ist der Falkenkopf nicht deutlich sichtbar.

Folgende neun Kügelchen befanden sich Anfang August 1963 im Besitz von Herrn Michailidis, können aber mangels Vorlagen nicht abgebildet werden:

1 Kügelchen mit Horusnamen ꜥḥꜣ aus Alabaster (vgl. Abb. 1o5o);
5 Kügelchen mit Horusnamen Sḫtj aus Alabaster (vgl. Abb. 1o51);
1 Kügelchen mit Horusnamen Sḫtj aus schwarzem Stein (vgl. Abb. 1o51);
1 Kügelchen mit Horusnamen Wꜣḏ aus Alabaster (vgl. Abb. 1o52);
1 Kügelchen mit Horusnamen ꜥnḏ-ib aus Alabaster.

Herr Michailidis besitzt noch andere ähnliche Kügelchen - eines vielleicht mit dem Horusnamen Nj-nṯr -; diese waren aber bisher nicht erreichbar. Auch sollen nach Herrn Michailidis nicht nur zwei, sondern vier Kügelchen in die Sammlung Kofler-Truniger gekommen sein (vgl. Abb. 1o51). Die Kügelchen Michailidis sind meist von Blanchard erworben und stammen alle aus Assiut (ursprünglich Abydos? Vgl. IÄF, 213: "Bouchon non conique /sic/ en ivoire avec une bannière royale") und sind nach Aussage von Herrn Michailidis wohl zu unterscheiden von Kügelchen mit ähnlichen Aufschriften, die ebendort gefälscht werden. Zu unbeschrifteten Spielkugeln vgl. AVF II, 143 ff.; Heluan II, 32 und t 36a.

Mit Horusnamen ꜥḥꜣ.

Abb. 1o51 A und B Zwei Spielkugeln Kofler-Truniger K 9662 J (früher Michailidis) (vgl. f 2:1).

Das Kügelchen A ist schwarz (eigentlich stark dunkelbraun mit punktweise hellerem Braun), das Kügelchen B weiss (weisse Flächen mit gelblichen unterbrochen). Nach Auskunft von Herrn Dr. G. Frenzel vom mineralogischen Institut der Universität

Heidelberg besteht A aus braunem Serpentin(?), B aus dolomitischem Marmor. Aus Assiut (vgl. oben zu Abb. 1o5o).

Mit Horusnamen Sḫtj.

Abb. 1o52 Spielkugel Cairo JdE 6o331 (1933 von Nahman erworben) (vgl. f 2:1).

"Marble"; "Breccia". Zu den Massen vgl. oben das zu Abb. 1o5o C Gesagte.

Mit Horusnamen W3d.

Abb. 1o53 Gewichtstein (vgl. Petrie, Tarkhan II, 11 und t 9; Ancient Weights and Measures, 14; Weigall, PSBA 23 (19o1), 381, 7oo5 und t 1), früher Michailidis (vgl. f).

Höhe ca. 13 cm. Roter Stein mit Kristallen durchsetzt; "pierre rouge grès cristalline" (Sandstein?).

Mit Horusnamen Nᶜr-mr.

Abb. 1o54 Sp 43 von Z3-k3 (vgl. f).

Es handelt sich um die IÄF, 234 genannte Neuaufnahme, die hier mit Erlaubnis von Herrn Professor H.W.Müller veröffentlicht wird.

Abb. 1o55 Sp 51 von Hᶜj-nbj-k3, früher Michailidis (vgl. f).

Breite ca. 6o cm; Kalkstein; aus Heluan (die Nummern Sp 44-5o sind besetzt durch die bisher unveröffentlichten Speisetischszenen von Heluan; vgl. unten, Index).

Abb. 1o56 Sp 52 Michailidis (vgl. f).

Breite ca. 3o cm (die unbeschriebenen Randflächen sind modern abgeschnitten); Kalkstein; aus Heluan.

Abb. 1o57 Sp II, 31 im Magazin von Professor Abubakr in Giza (mit freundlicher Erlaubnis von Herrn Professor Abubakr veröffentlicht).

Kalkstein. Vier wohl zusammengehörende Fragmente, die zusammen mit anderen Fragmenten von AR-Speisetischszenen auf dem Oberbau der östlichen Snnw-Mastaba in Giza gefunden worden sind.

Fragment A: Breite 32 cm, Magazin, u.a. mit Kleiderliste; Fragment B und C zusammengesetzt: Breite 52 cm, mit Spuren von der auf dem Stuhl sitzenden Person; Fragment D: Breite 16 cm; mit Titel zꜣ(t)[-njswt] nt ḥt-f über der Leiste und zwei Opfergaben ([i]rp, sfṯ) darunter. Die dick ausgezogenen Linien begrenzen die glatt bearbeiteten Flächen. Links auf A und rechts auf B + C treten die unbeschrifteten, aber ebenfalls glatt bearbeiteten Seitenflächen um 1,5 cm zurück. Alle vier Fragmente stammen vom unteren bzw. oberen Rand der Grabplatte und werden gegen die Mitte der Platte zu dünner.

Abb. 1o58 Sp II, 32 = Cairo JdE 67912 (früher Sammlung König Fuad I.) (vgl. f).

Höhe 65 cm; Breite 86 cm; Alabaster.

Abb. 1o59 Alabastergefäss (so! Nicht aus Ton) Michailidis (vgl. f).

Höhe 7,6 cm, aus der Region von Sakkara.

Das grössere Gefäss mit Kornnamen sš-wꜣḏ.

Abb. 1o6o Alabastergefäss (so! Nicht aus Ton) Michailidis (vgl. f).

Höhe 6,4 cm; aus der Region von Sakkara.

Das kleinere Gefäss mit Kornnamen sš-wꜣḏ.

Abb. 1o61 Tinteninschrift auf Tongefäss Cairo JdE 716o2 (1938/1939 registriert) (vgl. auch f).

Höhe 25,5 cm; "Tarkhan doubtless. Taken from J.R. Richie of the P.I. (Fayum) in exchange for some surplus flints". Diese Bemerkung gilt auch zur folgenden Abb.

Steuerabgabeninschrift ḏḥ-šmꜥ (zu ḏḥ als Steuerbegriff vgl. Abb. 367) von König Nꜥr-mr (unter dem srḫ steht ≡ . Rechts davon eine unklare Spur. Mehr lässt weder die f noch das Original erkennen, das nur durch die Vitrine nachgeprüft werden konnte).

Abb. 1o62 Tinteninschrift auf Tongefäss Cairo JdE 716o1 (1938/1939 registriert) (vgl. auch *f*).

Höhe 26 cm. Vgl. die Bemerkung oben zu Abb. 1o61.

Steuerabgabeninschrift *...-mḥw*(?) von König *Nꜥr-mr*. Auch hier konnte das Original nur durch die Vitrine nachgeprüft werden. Unter dem *srḫ* wieder  .

Abb. 1o63 Tinteninschrift auf Tongefäss Michailidis (vgl. *f*).

Höhe 25 cm; aus der Region von Sakkara.

Steuerabgabeninschrift *iwt-mḥw* von König *ꜥḥꜣ*.

Abb. 1o64 Tinteninschrift auf der Etikette von König *Sḫtj* AM t 11,5 = Cairo JdE 45o24(?) (vgl. *f*).

Breite von JdE 45o24 7,8 cm. Die Angaben "Etiquette avec inscription à l'encre", "bois", die Grösse und eine (allerdings ungenaue) Skizze im JdE machen es wahrscheinlich, dass die Etikette AM t 11,5, welche im Saal P 42 des Cairener Museums ohne sichtbare JdE-Nummer ausgestellt ist, die JdE-Nummer 45o24 trägt, obwohl als Herkunft der Etikette JdE 45o24 "Abou Roach. Fouilles Lacau" angegeben wird. Die Etikette aus AM wird sonst im JdE nicht erwähnt. JdE 45o24 ist 1914 registriert worden; die Etikette AM t 11,5 stammt aus Quibells Ausgrabung 1912-1914. Das Original lässt neben der ausgebrochenen Stelle ein  -Zeichen in roter Tinte erkennen (Schriftrichtung des Originals; auf der *f* nicht deutlich), welches in der Publikation fehlt. Mit roter Tinte ist auch das Zeichen  im Horusnamen geschrieben, die übrigen Zeichen mit schwarzer Tinte.

Steuerabgabeninschrift *[inw-]mḥw* von König *Sḫtj*; mit Erwähnung von "Baumöl".

Abb. 1o65 Tongefäss Cairo JdE 71455 (1936 gefunden).

Aus dem frühdynastischen Friedhof von Abu ꜥUmûri in der Nähe von El ꜥAraki und Nagꜥ Hamâdi (Ausgrabung des Antikendienstes unter M. Hamza).

Mit Inschrift "*ꜥnḏ-mrj*-Öl".

Abb. 1o66 Tinteninschrift auf Alabasterschale (Innenseite) Cairo $\frac{14}{23}+\frac{3}{3}$ (vgl. f).

Länge 13 cm. Vgl. IÄF Anm. 1788.

Mit Inschrift in-sqbb.

Abb. 1o67 Reliefbruchstück Michailidis (vgl. f).

Höhe 26 cm, Breite 25 cm. Kalkstein; vermutlich aus Sakkara. Spätarchaisch; mit Namensbeischrift Sᶜnḫw-Ḥtḥr.

Wohl mit Darstellung einer Zwergin (neben der noch eine Frauenfigur in kleinerem Masstab steht).

Abb. 1o68 Alabasterschale Michailidis (vgl. f).

Höhe ca. 2o cm; aus Oberägypten.

Mit Inschrift von Imꜣ-ib.

Abb. 1o69 Schieferschale Sakkara (Emerys Magazin).

Nach der roten Nummer "3o35" aus Grab Sakkara 3o35. (Bei Emery, Hemaka, nicht genannt und nicht abgebildet.) Die punktierte Linie zeigt den kreisförmigen Boden der Schale an.

Mit Inschrift von It-nbwj und ḫntj-Vermerk.

Abb. 1o7o Gefäss aus "Marbre tâcheté grisâtre" Cairo JdE 34199 (19oo registriert) = RT I t 32,32.

Nach der Skizze im JdE, die die Gefässform deutlicher zeigt und genauer ist als Petries Zeichnung. Höhe 5 cm, Durchmesser 16 cm. Aus Abydos (Umm el Gaab). Zweifellos von Amélineau gefunden, jedoch in NF I-III anscheinend nicht abgebildet.

Mit Inschrift von Idt-nbwj und ḫntj-Vermerk.

Abb. 1o71 Alabastergefäss. das Herr Michailidis im April 1963 bei einem Antikenhändler in Alexandrien gesehen hat(vgl.f).

Höhe 13 cm; Durchmesser oben 8 cm, unten 6 cm; Dicke 1 cm.

Mit Inschrift des wr-ḫntj pr-nb (zur Anordnung vgl. IÄF, 381f.; wohl nicht wr-pr-nb) ᶜnḫ-Nt.

Abb. 1o72 Tinteninschrift auf Schale aus hellgrauem Schiefer, früher Michailidis (vgl. f).

Durchmesser ca. 18 cm.

Mit Inschrift von ʿnḫ-kꜣ.

Abb. 1o73 Elfenbeingefäss der Form  Michailidis (vgl. f).

Etwa 1:1; aus der Region von Sakkara.

Mit Inschrift von Mrjt-Nt.

Abb. 1o74 Elfenbeingefäss der Form  Michailidis (vgl. f neben f Abb. 1o86).

Etwa 1:1; aus der Region von Sakkara (vgl. das unfertige(?) zylindrische Elfenbeingefäss mit Königsnamen Ḥtp-sḫmwj, The Brooklyn Museum, Five Years of Collecting Egyptian Art 1951-1956 t 9o Nr. 71).

Mit Inschrift von König Nj-nṯr.

Abb. 1o75 Zylindrisches Alabastergefäss, früher Michailidis (vgl. f).

Höhe des Gefässes 37 cm; Durchmesser oben 2o cm, unten 15 cm; Inschrift 1:1. Dieses Gefäss befand sich seit 5o-6o Jahren im Besitz der Familie Michailidis.

Mit Inschrift von Mrjt-Nt in Relief.

Abb. 1o76 Gefäss aus "calcaire marblé" Cairo JdE 45179.

Grab Sakkara 23o2. Bei Quibell, AM, nicht genannt und nicht abgebildet. Im JdE sind unter der gleichen Nummer zwei Inschriften genannt, eine Inschrift 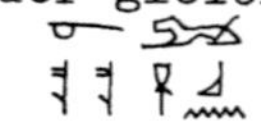 (von uns nach einer f abgebildet) und eine zweite , also mit einem Schiff unter dem Namen. Von der Inschrift der Abb. 1o76 kann man auf der f nur und  sicher erkennen. Steht das über oder rechts vor  ? Das Gefäss ist mit "23o2 Y" markiert. "Y" bezieht sich sicher auf eine der unterirdischen Kammern des Grabes. In AM, 8 ist eine unterirdische Kammer F genannt;

doch ist auf dem Plan Quibells (AM t 3o) keine der beiden Kammern F. Y eingetragen.

Mit Inschrift des mdḥ-qstj(w) Nj-rw-ꜣb.

Abb. 1o77 Dioritgefäss StP, 123 und t 91,9 = Cairo JdE 59147.

Gezeichnet nach einer f des Museums. Unter  steht wohl nicht  (Firth-Quibell), sondern ein Vogel mit Schopf und nach rechts gewendetem Schnabel. Rechts und links davon je ein Zeichen (links  ??). Diese drei Zeichen gehören wohl zum Namen eines von Nj-rw-ꜣb und Nj-ḥpt-Ptḥ verschiedenen, dritten  der Frühzeit.

Mit Inschrift eines 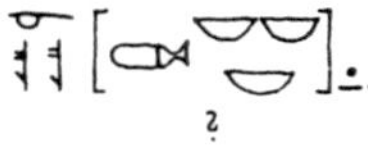 /// .

Abb. 1o78 Alabasterschale Michailidis.

1:1(?); über der Inschrift sieht man wohl den Rand der Schale.

Mit Inschrift des ḥt-  Nb-sn.

Abb. 1o79 Holzsichel Cairo JdE 7o2o4 (vgl. f).

Vergrössert. Die Inschrift ist bei Emery, Hemaka t 15c nur schwach sichtbar. Grab Sakkara 3o35. Vgl. IÄF, 576 zu Ḥmꜣ-kꜣ 14.

Mit Inschrift von Ḥmꜣ-kꜣ und Königsnamen Zmtj.

Abb. 1o8o Alabasterschale Michailidis (vgl. f).

Durchmesser oben 19 cm; Region von Sakkara; aus Grab Sakkara 3o35? Bei Emery, Hemaka, nicht genannt und nicht abgebildet.

Mit Inschrift des sdꜣwtj-bjtj Ḥmꜣ-kꜣ.

Abb. 1o81 Dioritschale Cairo JdE 44367 (1913 registriert).

Grab Sakkara 24o5 (Grab des Ḥzjj-Rᶜ); von Quibell, The Tomb of Hesy, nicht genannt und nicht abgebildet (vgl. IÄF, 582, wo das letzte Zeichen der Inschrift als  gedeutet wurde. In Wirklichkeit handelt es sich un ein senkrecht gestelltes —⊬— z(!)).

Mit Inschrift des zš Ḥz[jj]-Rᶜ.

Abb. 1o82 Armring aus Schiefer Michailidis.

Der Kreis zeigt den äusseren Durchmesser des Armringes an. Dicke o,3 cm(?); Querschnitt D.

Mit Inschrift von Ḥtp-Nt und Zm³-nbwj.

Abb. 1o83 Alabastergefäss Michailidis (vgl. f).

Etwa 1:1; Region von Sakkara.

Das grössere Gefäss mit Inschrift Ḥtp-Nt.

Abb. 1o84 Alabastergefäss Michailidis (vgl. f).

Etwa 1:1; Region von Sakkara.

Das kleinere Gefäss mit Inschrift Ḥtp-Nt.

Abb. 1o85 Schieferpalette Cairo JdE 71326 (1936 gefunden) (vgl. f).

Höhe 24 cm; Breite 13,4 cm. Aus dem frühdynastischen Friedhof von Abu ᶜUmûri in der Nähe von El ᶜAraki und Nagᶜ Hamâdi (Ausgrabung des Antikendienstes unter M. Hamza).

Mit Inschrift von König Skorpion als "Horus, der die Skorpione (mit dem Strick) fesselt"; vgl. dazu unseren Aufsatz in den Orientalia (1964).

Abb. 1o86 Tinteninschrift auf Tongefäss Cairo JdE 66824 (1935-1937 gefunden) (vgl. f).

Höhe 7,7 cm; aus Gebelein (italienische Ausgrabung unter G. Farina). Archaisch? Im JdE werden die drei Gefässe JdE 66824-826 als "1st. 2nd?"datiert. Zu den Funden Farinas aus der frühgeschichtlichen Zeit in Gebelein vgl. CdE Nr. 1o (193o) 233f.; Nr. 15 (1933), 1o7f.; Nr. 2o (1935), 269f.; Nr. 21 (1936), 57f.; Nr. 24 (1937), 168; Galassi, Rivista dell'Istituto Nazionale d'Archeologia e Storia dell'Arte N.S. - A.IV (1955), 5; Blackman, JEA 24 (1938), 222.

Mit Inschrift von Znbt-šps (vgl. WB III 458,1o-12).

Abb. 1o87 Tinteninschrift auf Tongefäss Cairo JdE 66825 (vgl. f).

Höhe 6,9 cm. Aus dem gleichen Fund wie Abb. 1o86.

Mit Inschrift von Znbt-šps.

Abb. 1o88 Tinteninschrift auf Tongefäss Cairo JdE 66826 (vgl. f).

Höhe 6,7 cm. Aus dem gleichen Fund wie Abb. 1o86.

Mit Inschrift von Znbt-šps.

Abb. 1o89 Tinteninschrift auf Steingefäss Cairo JdE 59141.

Aus der Stufenpyramide; bei Quibell, StP, nicht genannt und nicht abgebildet. Die Konturen der Zeichen mn und ib sieht man auf der f nicht deutlich.

Mit Inschrift von Smn-ib-šps.

Abb. 1o9o Alabastergefäss Kofler-Truniger Z 412 M I (vgl. f).

Höhe 27,7 cm; Durchmesser oben 15 cm.

Mit Inschrift ḥwt-Min, in versenktem(!) Relief.

- - - - - - - -

NACHTRAG

Nach Abschluss der Numerierung sind noch folgende archaische Inschriften bekannt geworden:

Erstens: Zwei Gefässinschriften der Sammlung Michailidis, durch Handkopien 1:1(?) von M.G.Michailidis.

Zweitens: Ein Verschluss in Oxford (f und Handkopie 1:1 ?).

Drittens: Ein weiterer Z aus Faras (f 1:1). Neben diesem und dem Z Abb. 884 wird aus Faras noch ein dritter, unveröffentlichter archaischer Z von Griffith erwähnt (AAA 8 (1921), 5).

Viertens: Zwei Z in Toronto, durch Abriebe von Miss W. Needler.

Fünftens: Ein Z in Wilna (Handkopie 1:1; der "Umfang", d.h. die Breite der A, wird in der Publikation mit 6,5 cm angegeben).

Sechstens: Acht Z aus der Sammlung Golenischeff im Museum für Schöne Künste Moskau (Flittner, Izvestija rossiskoj akademii istorii material'noj kul'tury 3 (1924), 245ff.; vgl. Ellis, AE 1926, 29). Den neunten archaischen Z dieser Sammlung (Flittner, a.a.O., 248 Abb. 7 = Museum für Schöne Künste Moskau 4025) haben wir bereits in IÄF Abb. 383 nach einer Skizze Newberrys abgebildet. Bei dieser Skizze finden sich Herkunftsangaben (vgl. IÄF, 1145); Flittner teilt nichts über die Herkunft der Z mit.

In der Publikation handelt es sich wohl um Handkopien 1:1. Masse werden nur für drei Z (alle ehemals Sammlung Golenischeff) genannt, nämlich für einen AR-Z von Phiops I., für einen nichtarchaischen Z und für einen archaischen Z (= unsere Abb. 979bis). Der AR-Z (Flittner, a.a.O., 246f. Abb. 1.4 = Museum für Schöne Künste Moskau, ohne Angabe der Nummer) ist 5,5 cm hoch, was zur

Zeichnung passt. Der nichtarchaische Z̲ (Flittner, a.a.O., 253 Abb. 14 = Museum für Schöne Künste Moskau 984) ist 3 cm hoch, wie in der Zeichnung. Die A̲ ist ungefähr in der Breite des Umfangs (6 cm) eingezeichnet. Der archaische Z̲ hat nach Flittner einen Umfang von 4,5 cm und eine Höhe von 18 cm (lies wohl 1,8 cm). In der Zeichnung erscheint der Z̲ nur 1,45 cm hoch; für diesen Z̲ wird jedoch ausnahmsweise noch das Vorhandensein von Schnittlinien angegeben. Die Z̲ haben in der Publikation keine vertikalen Grenzlinien. Das Material der neun archaischen Z̲ ist mit Ausnahme von unserer Abb. 920bis ein "weicher Stein, manchmal Hämatit" (Flittner).

Neben dem AR-Z̲ des Museums für Schöne Künste Moskau, der dieselbe Inschrift trägt, wie der Z̲ A 1922.108 (früher Mac Gregor), nennt Flittner noch einen anderen Z̲ von Phiops I. in der Eremitage (alle drei bei Goedicke, Mitteilungen 17 (1961), 69ff. nicht aufgeführt).

Flittner nennt ferner einen archaischen Z̲ der Eremitage (Nr. 2668), sowie die "kleine, aber wertvolle" Sammlung archaischer Z̲ von N.P.Lichačov in Petersburg.

Für eine Anzahl von Rollsiegeln, die in IÄF Abb.1-883 veröffentlicht sind, besitzen wir jetzt nach Abrieb der Originale im Cairener Museum bessere Vorlagen:

Cairo JdE	= IÄF Abb.
26633 (= CG 14519)	518
34936	40 (links)
36074	507
36075	600
36076	603
36077	487
36078	527
36079	441
38913	682
47180	133

Vgl. noch die Angaben zu Abb. 527 bei Grenfell, PSBA 32 (1910), 270 und t 43,16, zu Abb. 682 bei De Morgan, ASAE 12 (1912), 44. Unsere neuen Vorlagen werden wir bei Gelegenheit veröffentlichen.

Der Z IÄF Abb. 677 ist bei Griffith, JEA 3 (1916), 193f. und t 33,4 veröffentlicht. Die Inschrift zeigt hinter dem Neithzeichen ein Krokodil, über dem Krokodil ein imꜣḫ-Zeichen(?). - Als selbständige Publikation sind im Abbildungsverzeichnis noch nachzutragen: Abb. 442: Grenfell, Rec. tr. 37 (1915), 86 und t 2,43; Abb. 483: Grenfell, a.a.O., 84 und t 1,32. - Eine ungenaue Beschreibung des Elfenbeinstabes Abb. 874 nach dem Original in Bruxelles findet sich bei Newberry, PSBA 28 (1906), 69 Anm. 8.

Abb. 904bis Z Flittner, Izvestija rossiskoj akademii istorii material'noj kul'tury 3 (1924), 248 Abb. 6 = Museum für Schöne Künste Moskau 982 (früher Golenischeff).

Das ⌒ unter einem n von Ḥnw(t)-sn ist unklar.

Kollektivsiegel ohne Titel von Nj-mrwt-rnw und Nfr-qd-imꜣḫ(?) (vgl. Nfr-imꜣḫ-(it-)f; IÄF, 541), Söhnen von Ḥnw(t)-sn (soll das Zeichen links von nfr ein 𓎛 ḥm/ḥn sein? Gehört es mit ▽ zu ḥnwt?).

Abb. 909bis Z Flittner, a.a.O., 248 Abb. 8 = Museum für Schöne Künste Moskau 4026 (früher Golenischeff).

Kollektivsiegel wohl von drei Personen ohne Titel, Nfrt-qd, ... (𓐍 = ḫ?) und Nj-mrwt-rnw (𓍢 = 𓆼).

Abb. 917bis vgl. oben.

Abb. 920bis Z Flittner, a.a.O., 249 Abb. 11 = Museum für Schöne Künste Moskau 4027 (früher Golenischeff).

Holz. Zuordnung in Klasse C unter der Annahme, dass šntꜣ/šntj "streiten" einmal ohne Ideogramm/Determinativ geschrieben wird. Zum letzten Radikal ꜣ/j vgl. WB IV 520,1.

Privatsiegel von Šntꜣ(t)/Šntjt.

Abb. 923bis Z T 2091 (um die Zeit von 1907-1910 von C.T. Currelly in Ägypten erworben).

"Steatite".

Mit den Namensbestandteilen tj(w) und ⊕ (vgl. Curto, Aegyptus 39 (1959), 226 ff.) sowie Figur am Speisetisch.

Abb. 979bis Z Flittner, a.a.O., 254 Abb. 15 = Museum für Schöne Künste Moskau 4029 (früher Golenischeff).

Das Zeichen unter ist nach Flittner wohl . Davor ein unklares Gebilde .

Siegel von Zȝbt-Nt; mit Figur am Speisetisch (der Tisch fehlt; vgl. IÄF, 38. Die Figur hat wohl eine lange Perücke, nicht eine hinten erhobene zweite Hand).

Abb. 985bis Z Flittner, a.a.O., 250 Abb. 12 = Museum für Schöne Künste Moskau 4028 (früher Golenischeff).

Privatsiegel von Sṯp-f(?)-zȝ-Sšȝt-Nt (es steht wohl , nicht da. ist eher Lesehilfe zu Nt als das n des indirekten Genetivs. Vgl. IÄF, 389).

Abb. 996bis Z Griffith, AAA 8 (1921), 5 Anm. 2; AAA 21 (1924), 171 und t 61,1.

"Black stone"; aus Faras, Grab 2746 der meroitischen Zeit. Der Z ist rechts von  bestossen und besonders verwittert. Es ist unklar, ob unter ein  oder ein  steht. Quer zur Achse ein Kratzer.

Beamtensiegel eines sḏȝwtj /// mit den Namensbestandteilen Nt und ḏw (zur Anordnung  vgl. Abb. 527).

Abb. 1011bis Z Turajeff, Zapiski vostočnago otdělenija imp. russkago archeologičeskago obščestva 12, Lieferung 2/3 (1899), 179.188 und t 6 = Wilna, Museum für Altertümer bei der Öffentlichen Bibliothek 101 (früher Graf E.Tyszkiewicz, der das Museum 1856 gegründet hat. Vgl. auch Flittner, a.a.O., 255 Abb. 16).

"Stein".

Mit Figur am Speisetisch und unklaren Namensbestandteilen (zum Rind auf der Standarte vgl. Abb. 393. 885).

Abb. 1031bis Z T 2092 (um die Zeit von 1907-1910 von C.T. Currelly in Ägypten erworben).

"Steatite". Das o (?) neben | ist vielleicht nur eine Beschädigung im Stein.

Mit ḥtp und unklaren Namensbestandteilen.

Abb. 1031ter Z Flittner, a.a.O., 249 Abb. 9 = Museum für Schöne Künste Moskau 983 (früher Golenischeff).

Privatsiegel mit unklaren Namensbestandteilen (es stehen anscheinend □ p und ⊙ zp da, nicht ⧻, ✪ (Flittner)).

Abb. 1031quater Z Flittner, a.a.O., 249 Abb. 10 = Museum für Schöne Künste Moskau 4024 (früher Golenischeff).

Nach Flittner steht ⌣ ḏsr da, was die Zeichnung nicht bestätigt. Handelt es sich um ḏsr, so muss man den Z in die Morphemgruppe einteilen, da nicht nur die Lesehilfe s, r, sondern auch das wohl selbständige Morphem n wiederholt wird.

Privatsiegel.

Abb. 1031quinquies Z Flittner, a.a.O., 252 Abb. 13 = Museum für Schöne Künste Moskau 980 (früher Golenischeff).

Es handelt sich wohl trotz des hochgerichteten Skorpions(?) nicht um einen Figurenzylinder, sondern um einen archaischen Z, da man daneben auch verwitterte Schriftzeichen zu erkennen glaubt (zum Skorpion auf einem archaischen Z vgl. Abb. 638bis).

Privatsiegel(?).

Abb. 1035bis Verschluss mit A (intakt, sicher Typ VI oder VII) Legge, PSBA 32 (1910), 233 und t 32,9 (vgl. auch Hall, PSBA 33 (1911), 18) = A (Nummer mir unbekannt; vgl. auch IÄF Anm. 729 zu Abb. 83).

Keine Massangabe. Von Ayrton 1908/1909 bei den Königsgräbern von Abydos gefunden (wohl Oberflächenfund). Die A stehen auf der Mittelfläche (von uns zuoberst mit den Konturen des Verschlusses gezeichnet) und auf drei Seitenflächen. Vom mr einer angeblichen Inschrift "Merneit Siti" ist nichts zu erkennen. Ergänzt Legge das Zeichen links auf der dritten A als ▭ mr?

Siegel mit unklarer Inschrift (es steht wohl  da; vgl. Abb. 83.195.196).

Abb. 1072bis Schieferschale der Form  Michailidis. Höhe 7,6 cm; Durchmesser oben 14,5 cm, unten 5 cm. Mit Inschrift des iz-ḏf3 von König Nj-nṯr (vgl. Abb. 862).

Abb. 1078bis Alabasterschale der Form 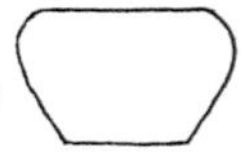 Michailidis. Höhe 7 cm; Durchmesser oben 11,6 cm, unten 4,7 cm.

Mit Inschrift von König Irj-nbtj, "Aufenthalt in der ḥwt-ḥtp-njswt (vgl. IÄF, 573f. zu (ḥwt-)qd-ḥtp, den archaischen Titel wḏ-mdw qd-ḥtp im Index und Barsanti, ASAE 12 (1912), 60f. Nr. 12/13); Krugmagazin (ḫntj)".

Dieses Fest ist in den Annalen von Smr-ḫt auf dem Cairener Stein nicht genannt. - Einer Lesung Irj-nṯr-nbtj des Königsnamens (vgl. Grdseloff, ASAE 44 (1944), 284ff.; Schott, Krönungs titulatur, 60; Helck, Manetho, 9) stellen wir Irj-nbtj entgegen (IÄF, 426). Der spätere Titel irj-nṯr 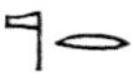 , 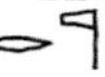 (vgl. irj-nfr-ḥ3t, Murray, Index t 26f.) sagt wohl dasselbe aus, wie der Königsname Irj-nbtj, der, sobald die Schreibung mit stehender Figur festgelegt war, natürlich nicht mehr durch die sitzende Figur oder variiert wurde. nṯr(t) bezeichnet so in irj-nṯr(t) eine oder beide Kronengöttinnen, wie im Namen des Gottespalastes (ZÄS 88 (1962), 5ff., im besonderen 15 Anm. 1; vgl.  , Gauthier, LR I, 217f.).

- - - - - - - -

Letzter Zusatz. Z Abb. 8 ist Cairo JdE 41242. Z Abb. 678 wird in Burlington Fine Arts Club, Catalogue of an Exhibition of Ancient Egyptian Art, 2 Nr. 3 genannt. Zu den beiden Figurenzylindern Abb. 627. 628 mit dem Titel "Siegler" vgl. Jéquier, La pyramide d'Aba, 3 Abb. 2. Den Ausfall von Beamten- und Privatsiegeln im AR kann man wohl damit erklären, dass sie in dieser Zeit schon durch die Knopfsiegel verdrängt sind.

Zur Gruppe der IÄF, 38 unter "Fünftens" besprochenen Z gehört wohl auch der Z Reisner, Naga-ed-Dêr III, 107. 237 f. Abb. 177. - Zur Herkunft von Abb. 883 vgl. Bibl V, 67 f. - Die Inschrift Abb. 1081 ist erwähnt bei Montet, Monuments ... Piot 25 (1921/1922), 250 und Anm. 1.

VERZEICHNIS DER TITEL

Um das Bild von bisher unbekanntem archaischem Material abzurunden, seien hier auch die Titel der noch nicht veröffentlichten Speisetischszenen von Heluan aufgenommen. Von diesen Belegen (Sp 44-5o) konnte ich mit Erlaubnis des ägyptischen Antikendienstes und dank dem grossen Entgegenkommen des Oberinspektors von Heluan und Sakkara, Herrn Mohammed Abd el Tawab el Hitta, Notizen machen.

imꜣḫ njswt(?) nb Abb. 994
imj-rꜣ zš(w)-ꜥprw Abb. 99o
irj-iḫt Abb. 996
irj-iḫt(?) iz-wꜥ(j) Abb. 959
irr wḏt nb-f rꜥ nb Abb. 987
irr šmsw(?) Abb. 987
ꜥ-imꜣ Sp 48 (Mrjt(j))
ꜥ-Inpw Sp 48 (Mrjt(j))
[ꜥnḏ-]mr Abb. 1o35
wr(-ḫntj) pr-nb Abb. 1o71
wḏ-mdw qd-ḥtp Sp 48 (Mrjt(j))
mjtr(t) Abb. 9oo. 9o1(?). 961. 962
m[rj]-njswt Abb. 99o
mrr-nb[-f] Abb. 987
mrjj-nṯrw Abb. 988
mdḥ Sp 5o (Wꜥb-Ḫnm)
mdḥ-Nḫn Sp 48 (Mrjt(j))
mdḥ-qstj(w) Abb. 1o76. 1o77
ḥm-pr(?) Abb. 987
ḥm-njswt Abb. 96o
ḥm-nṯr-Ḥtḥr (o.ä.) Abb. 963. 964. 965. 966. 986
ḥm-Ḫnm Sp 48 (Mrjt(j))
ḥrj-wḏb Abb. 895(?). 897
ḥrj-sštꜣ Abb. 99o. 1o37
ḥwzj(?) Abb. 917bis
ḫrp-iz-(i)mnt Sp 48 (Mrjt(j))
ḫrp-zḥ iz-ꜥnḫ Sp 48 (Mrjt(j))
ḫrp-zḥ ḫntj-wr Sp 48 (Mrjt(j))
ḫt-gs(w) Abb. 967 (ḫt entspricht sicher imj-ḫt; vgl. ḫrp-gs(w) Sp 34)
ḫt- (= imj-ḫt-)  Abb. 1o78
ẖrj-ꜥ-pr Abb. 897
ẖrj-tp-njswt Abb. 99o
zꜣ(t)-njswt Abb. 9o5. 9o6
zꜣ(t)[-njswt] nt ḫt-f Abb. 1o57
zḥn-iꜣḫ Abb. 895. 896
zḥn-ḥm(?) Abb. 987
zš Abb. 1o81
zš-mḏꜣt-nṯr Abb. 893. 894
sm Abb. 1o43
smr-wꜥtj Abb. 99o
smr-pr Abb. 893(?). 894(?). 987; Sp 48 (Mrjt(j))

smr-pr-sqr Abb. 994
sẖḏ-smnt Abb. 899
sḏꜣwtj Abb. 9o2(?). 991. 993 (vgl. auch Budge, Harrow School Museum, Catalogue of the Egyptian Antiquities from the Collection of the late Sir Gardner Wilkinson (1887), 25 Nr. 67)
sḏꜣwtj-bjtj Abb. 1o8o
sḏꜣwtj n ḏꜥm Abb. 994
sḏꜣwtj-nb Abb. 915. 916. 917. 949. 95o. 1o36
sḏꜣwtj-nb-wḏb(?) Abb. 992
sḏꜣwtj-ẖrj(t)-nb Abb. 958. 995
sḏꜣwtj-ẖrj(t)-š Abb. 896
sḏꜣwtj/// Abb. 902(?). 996bis. 1o36(?). 1o38
šms Abb. 91o. 911
qstj Abb. 928; Sp 47 (Mrj-n-kꜣ); auch auf einer Kalksteinplatte aus Heluan (keine Sp), auf der man noch das Zeichen  sieht
d(wꜣ?) n H̱tẖr Abb. 988

- - - - - - - -

VERZEICHNIS DER ORTS- UND ÄMTERNAMEN
(SOWEIT NICHT IN TITELN BELEGT)

iz-ḏfꜣ Abb. 1o72bis
iz/// Abb. 1o38
pr-wr (? Oberägyptisches Zelt) Abb. 891
pr-šnꜥ der Getränke () Abb. 1o43
pr tpj-ḏw-f(?) Abb. 898
pr-  Abb. 927
pr-... Abb. 893
pr/// Abb. 1o44
mnw-njswt Abb. 9o9 (Personenname?)
ḥwt p-Ḥr-wꜥj njswt-bjtj Mr-pw-bjꜣj Abb. 1o41
ḥwt-Min Abb. 1o9o
ḥwt-ḥtp-njswt Abb. 1o78bis
ḥwt-smr(?) Abb. 893. 894
ḥwt-sqr(?) Abb. 1o41
ḫntj Abb. 1o78bis
zḥ(-nṯr) Abb. 1o32
srḫ(?)-Nt(?) Abb. 884
sqbb Abb. 1o66

\- - - - - - - -

884 – 887

884

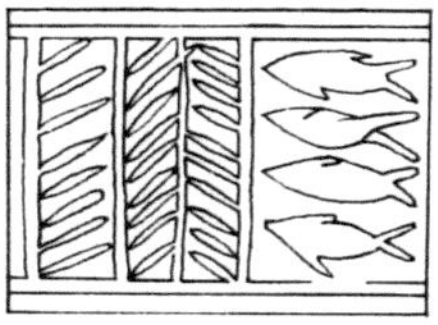

886

885

887

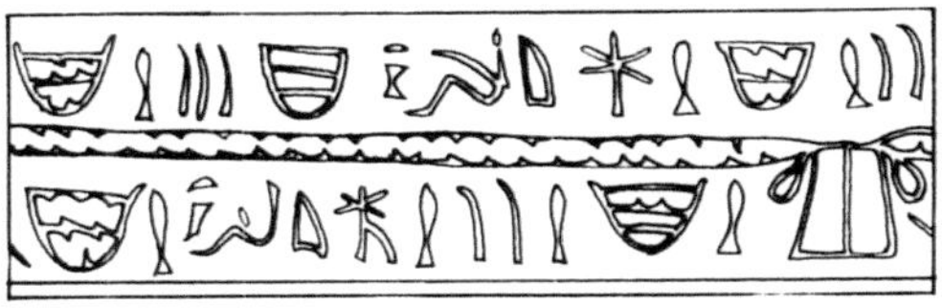

885

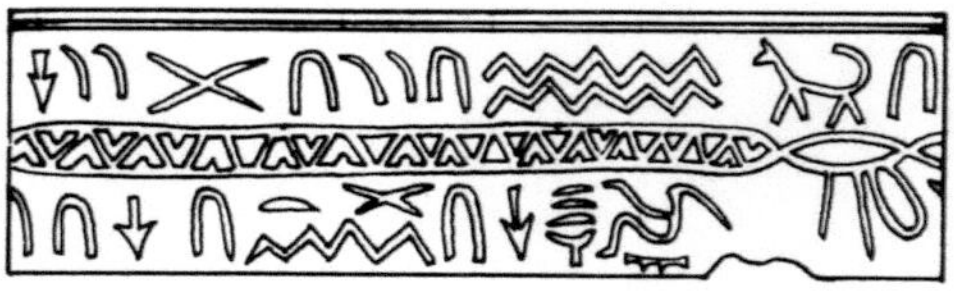

888

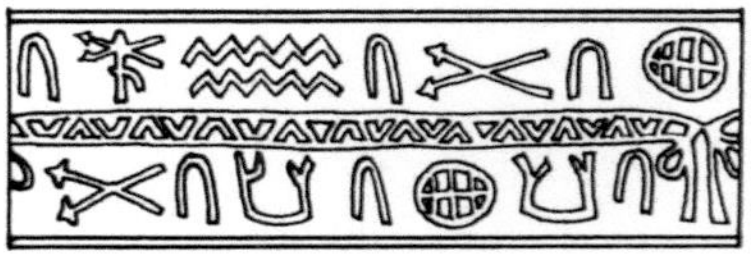

889

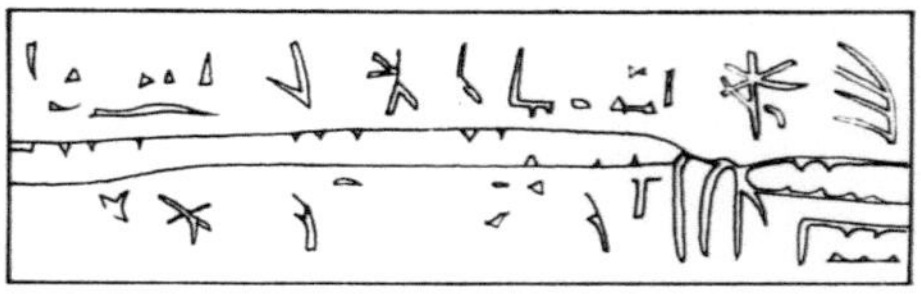

890

891

892

893

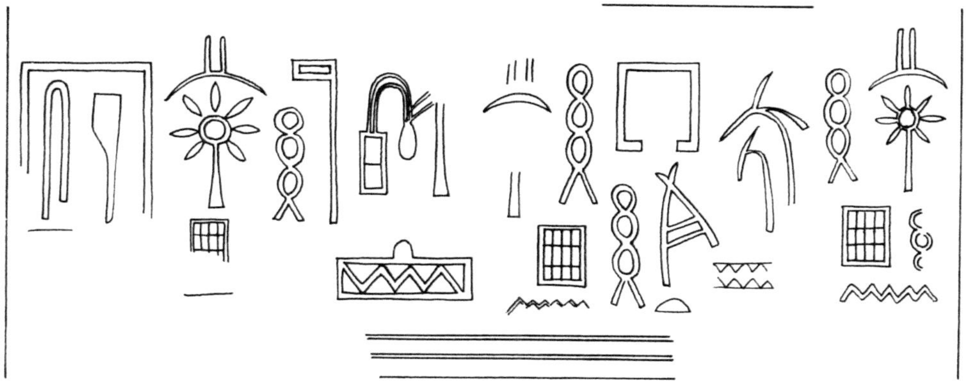

894. 895

894A

894B

211–CAIRO JDE 70100

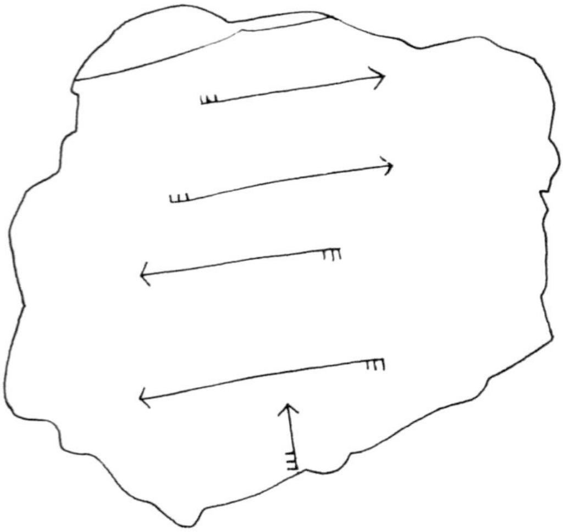

895

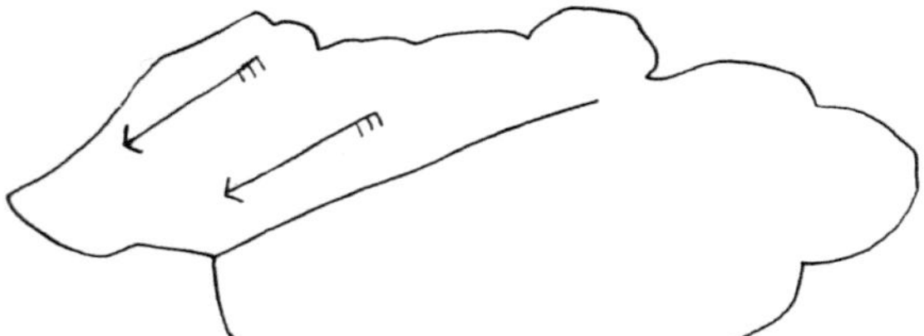

211–CAIRO JDE 70103

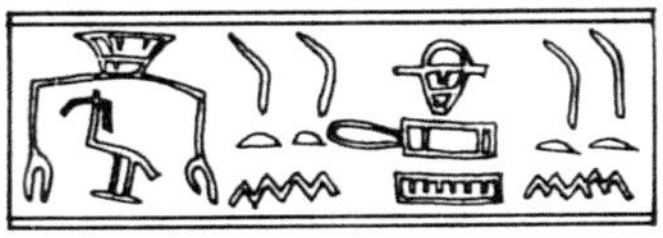

896

897

898

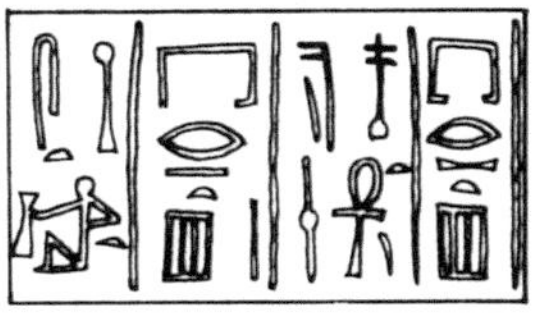

899

900

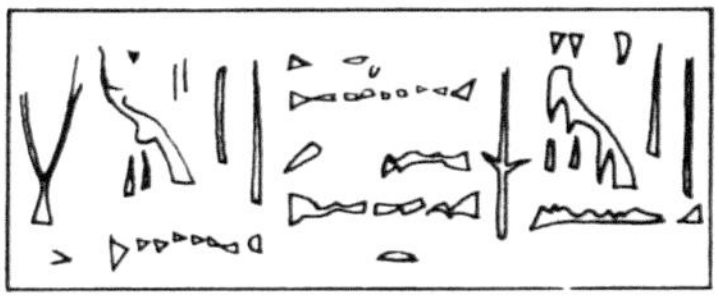

901

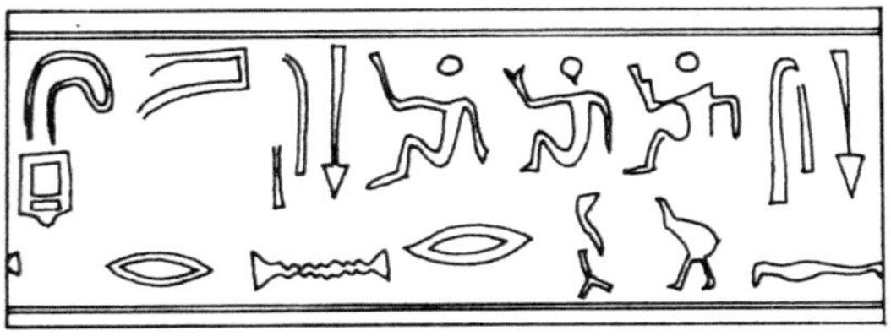

902

903

904–911

904

905

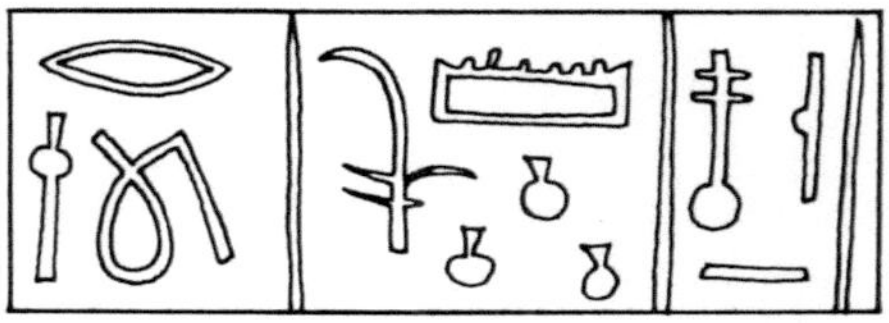

909

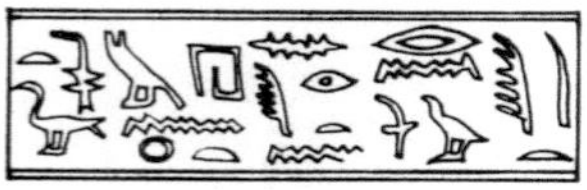

906

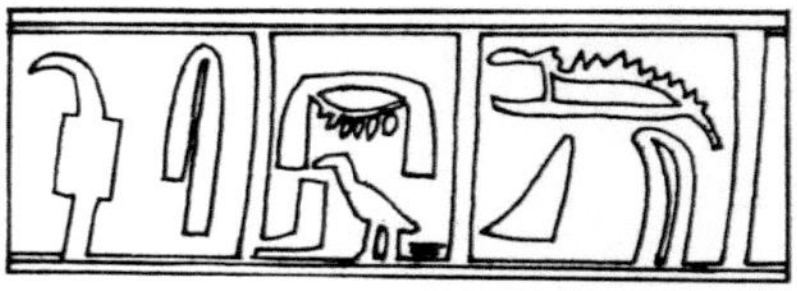

910

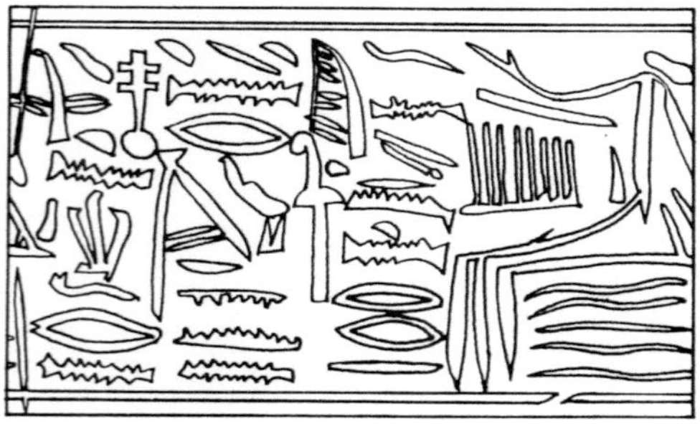

907

911

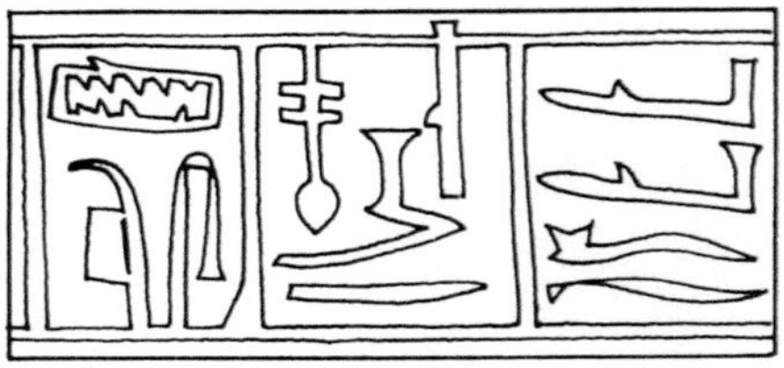

908

912

913

914

918

919

915

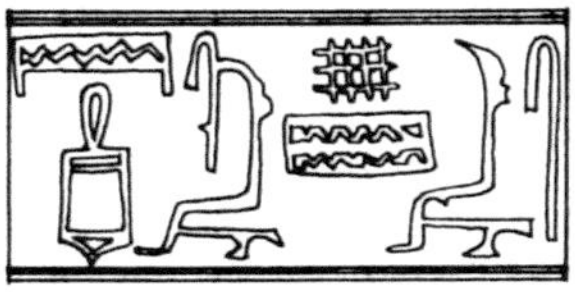

916

917

920

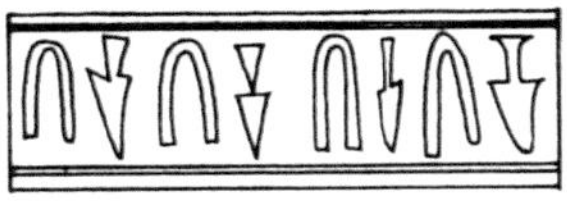

921

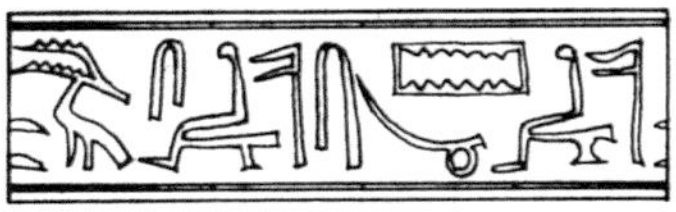

922

923 – 931

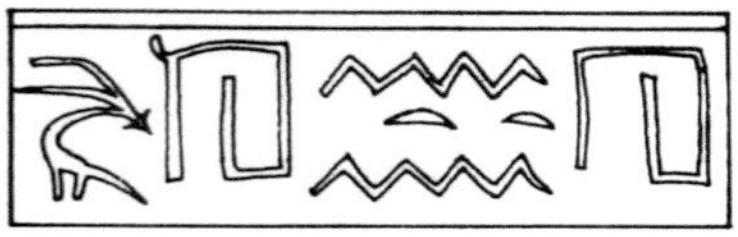

923

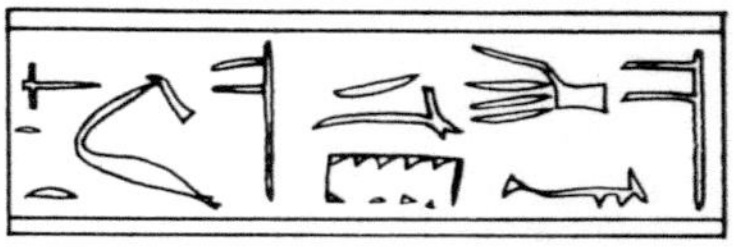

929

924

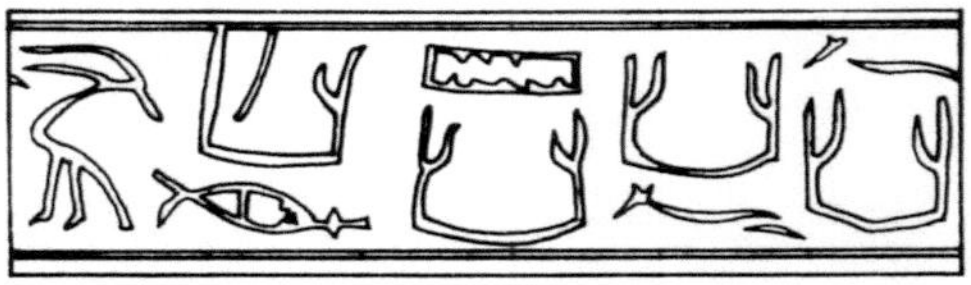

930

925

926

927

931

928

932

938

933

934

939

935

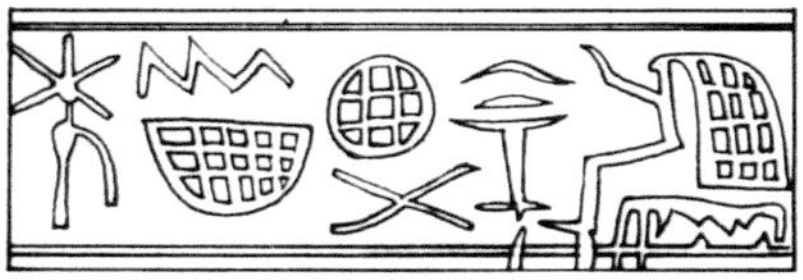

940

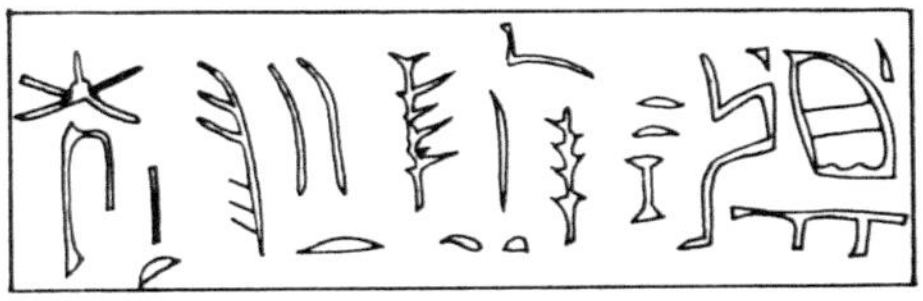

936

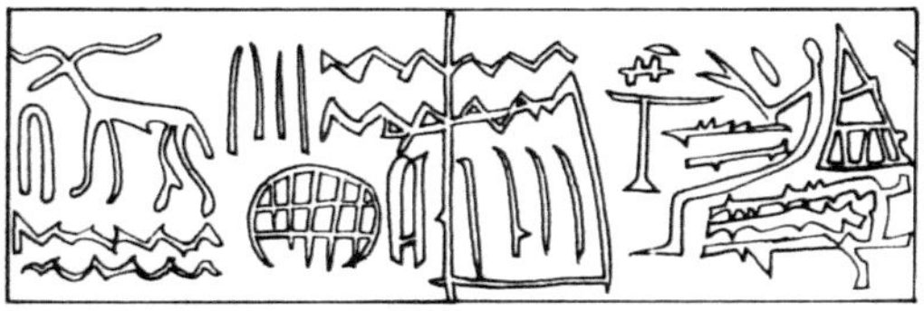

937

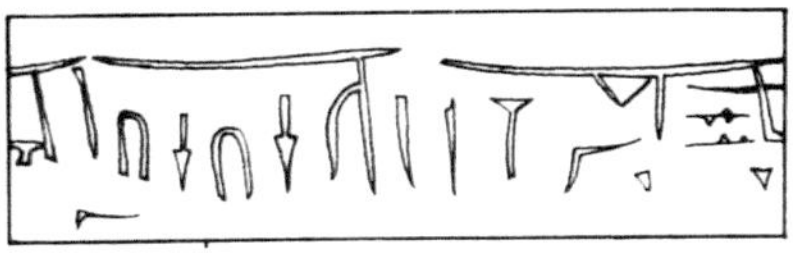

941

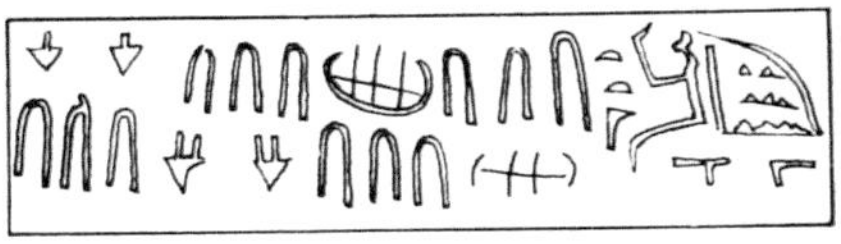

942 — 951

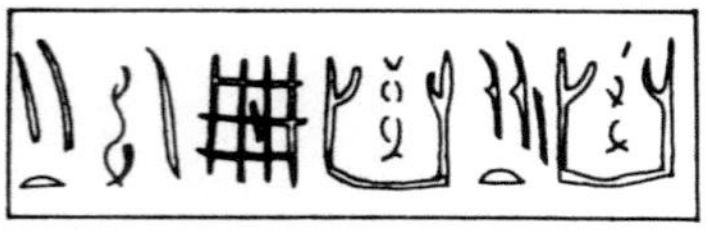

942

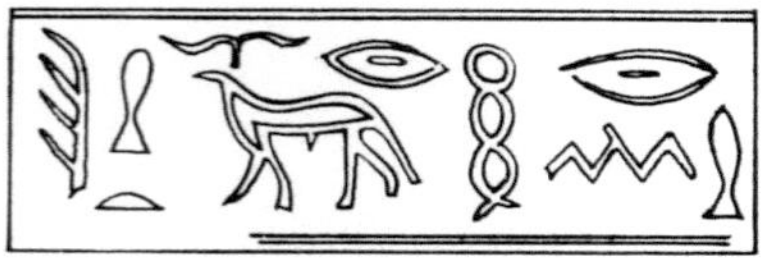

943

944

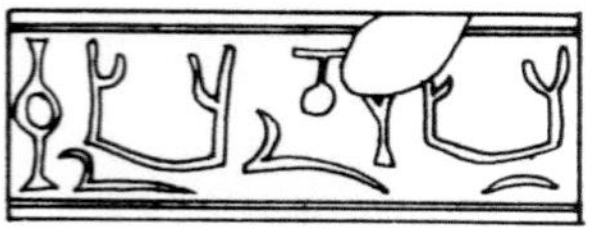

945

946

947

948

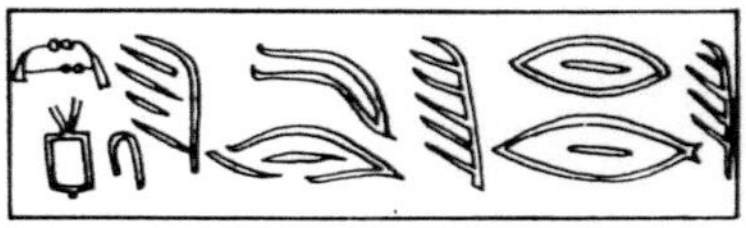

949

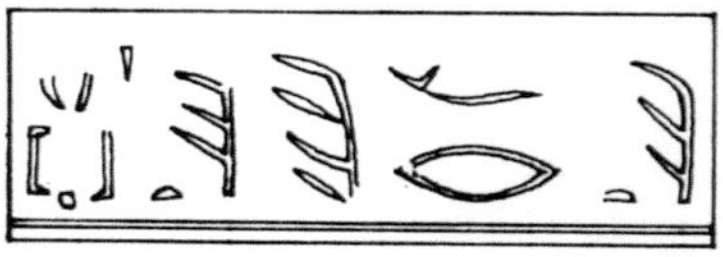

950

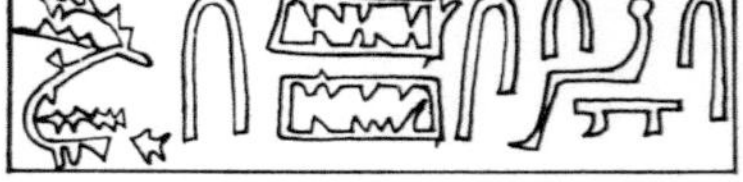

951

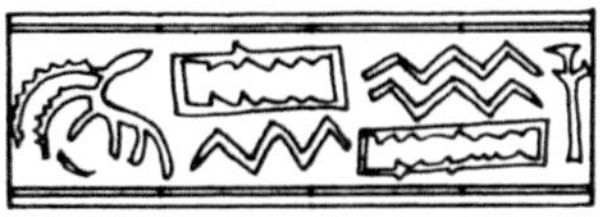

952

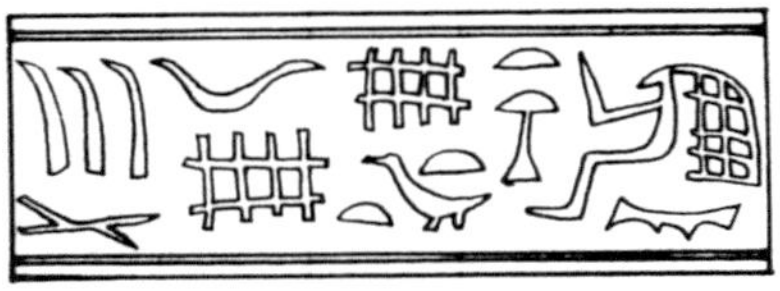

953

954

955

956

957

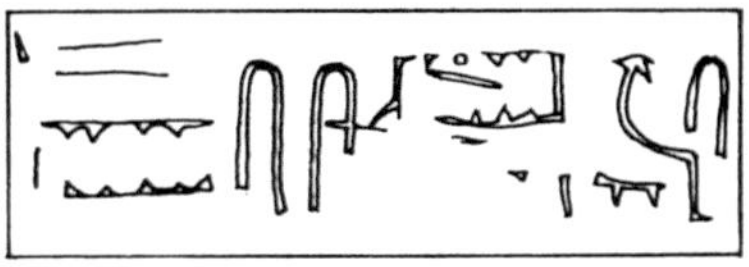

958

959

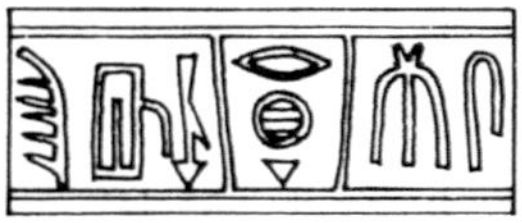

960

961

962

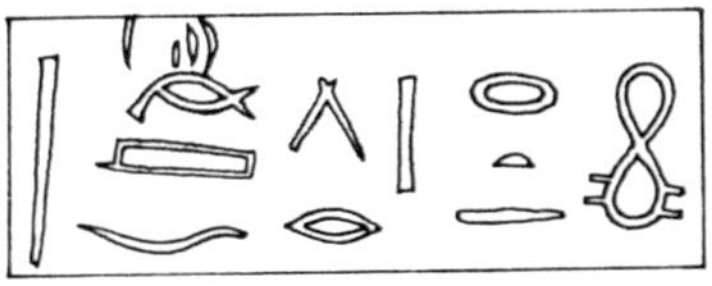

963 – 972

963

968

964

969

965

970

966

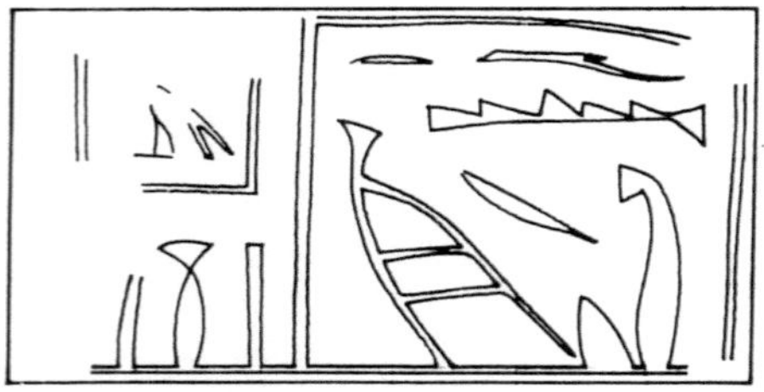

972

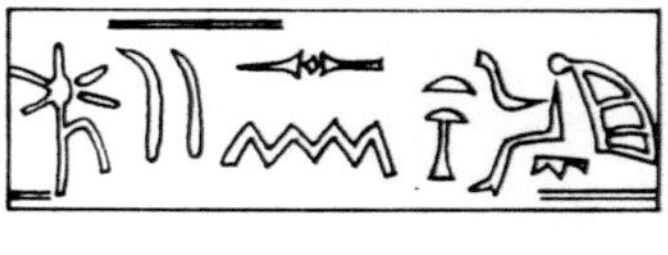

967

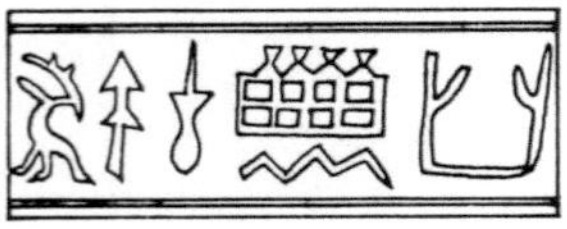

971

973—983

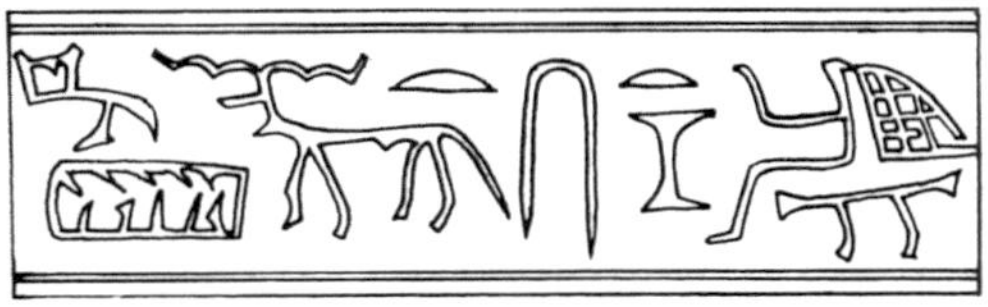

973

974

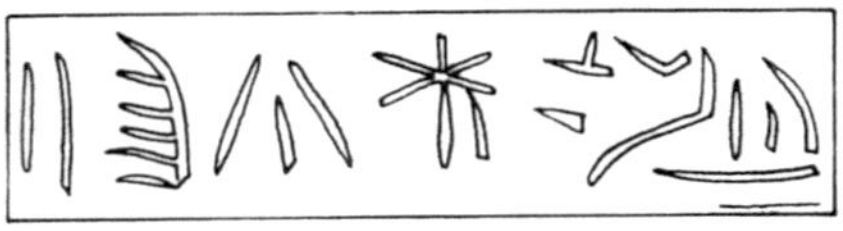

975

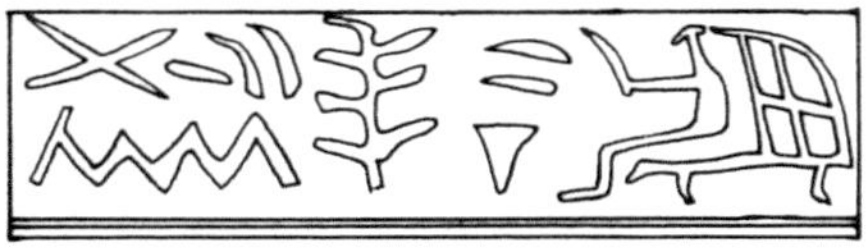

976

977

978

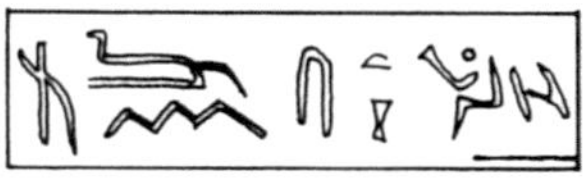

979

980

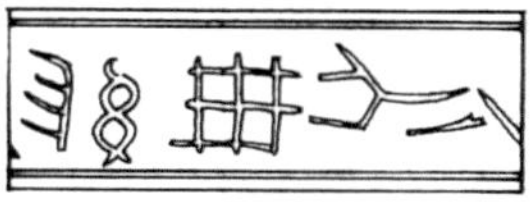

982

981

983

984–991

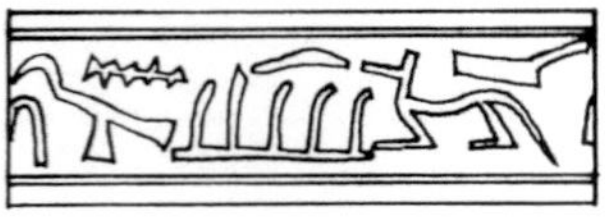

984

989

985

986

990

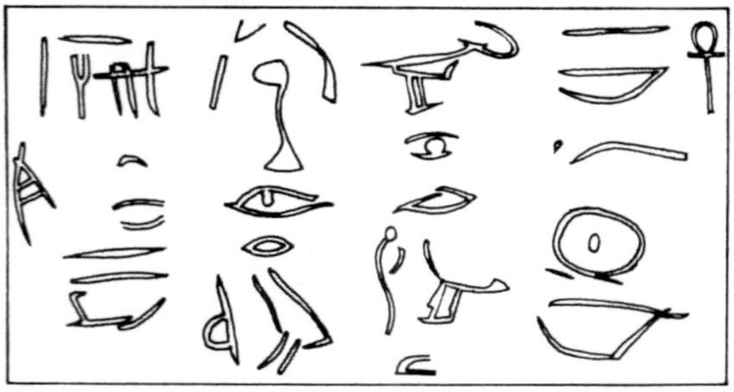

987

988

991

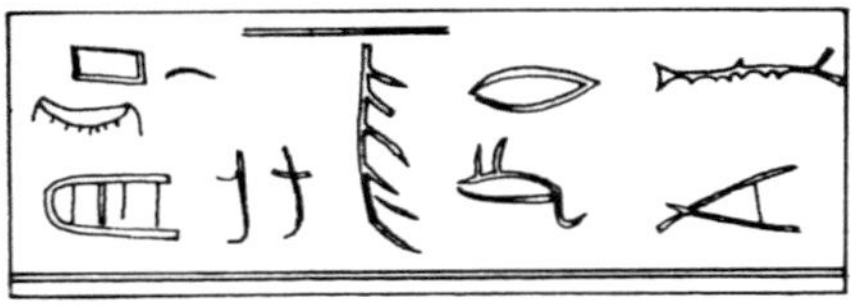

992

997

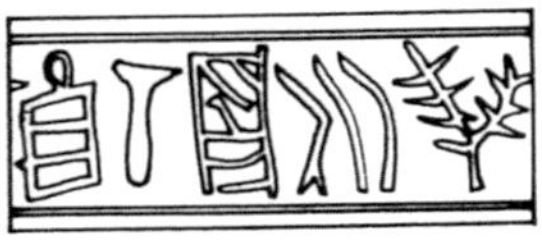

993

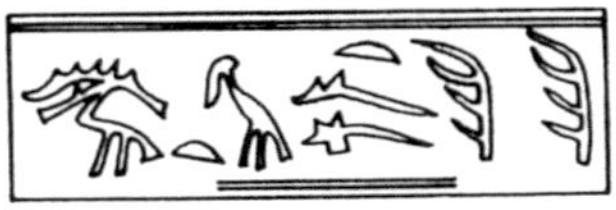

998

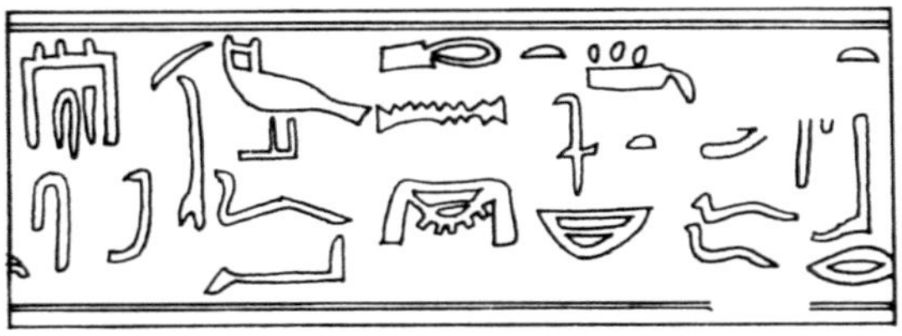

994

995

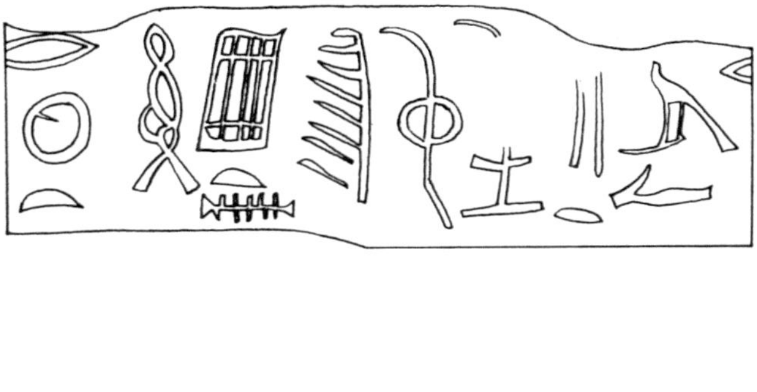

996

999–1008

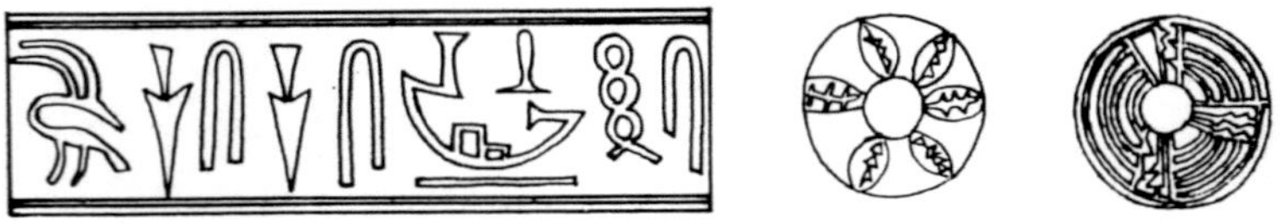

999

1000

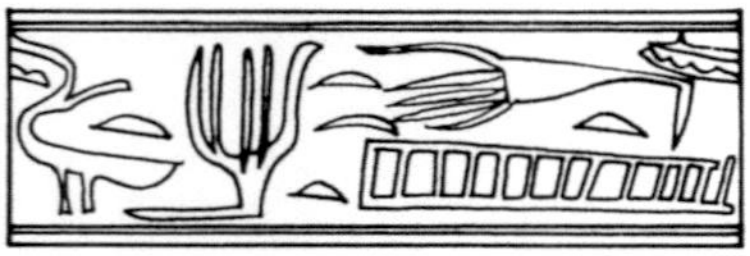

1001

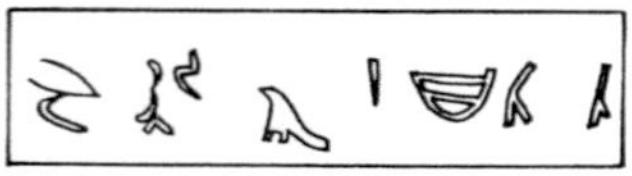

1002

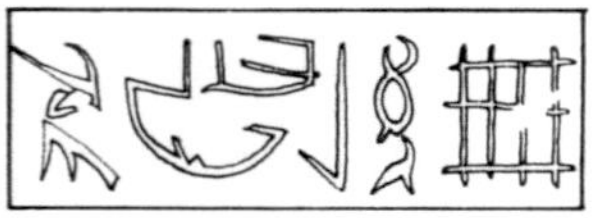

1003

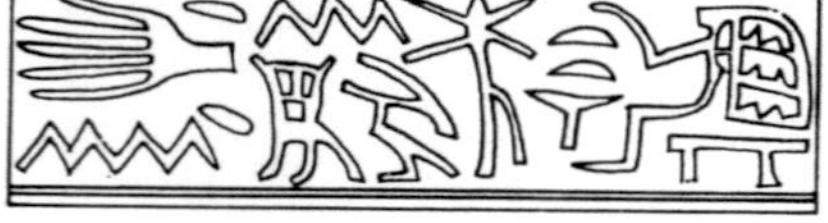

1004

1005

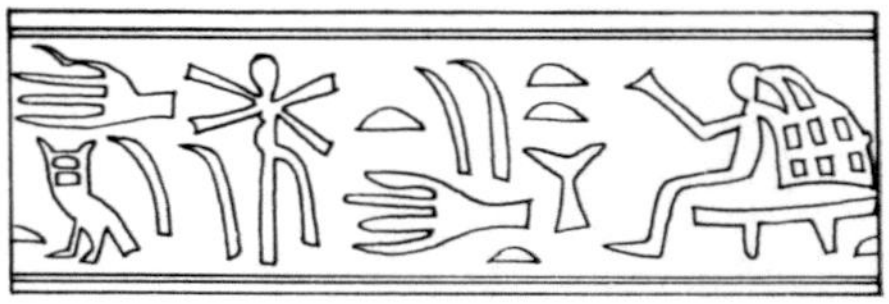

1006

1007

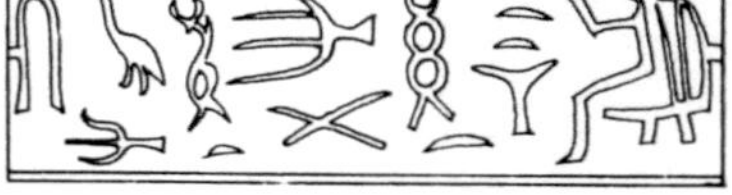

1008

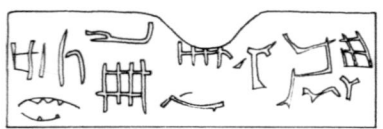

1009

1013

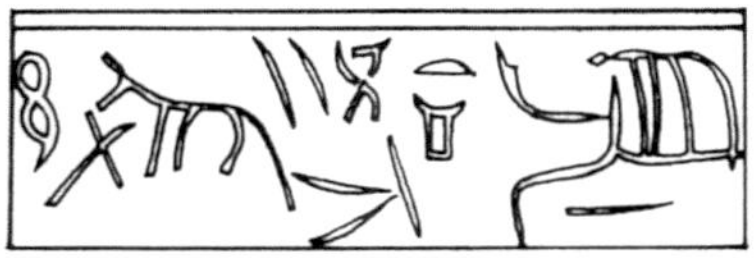

1010

1014

1011

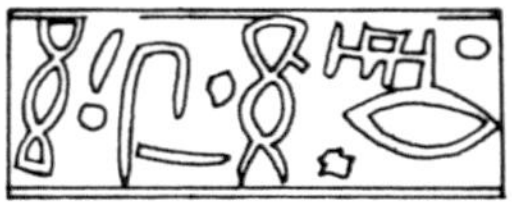

1015

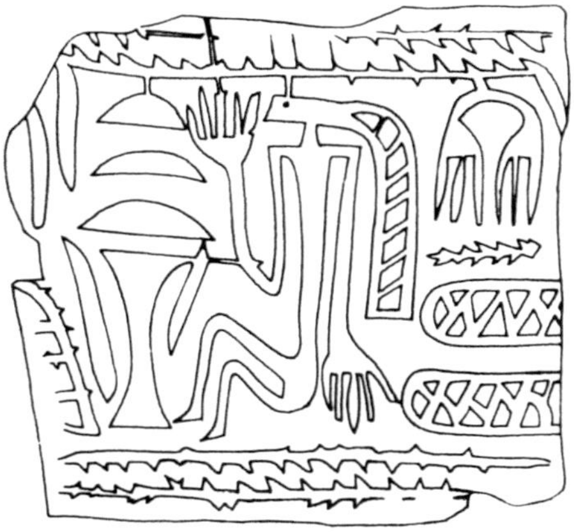

1012

1016

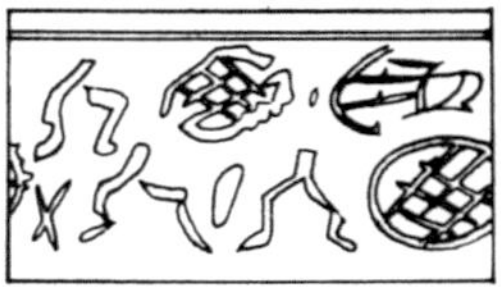

1017

Tafel 18

1018 – 1029

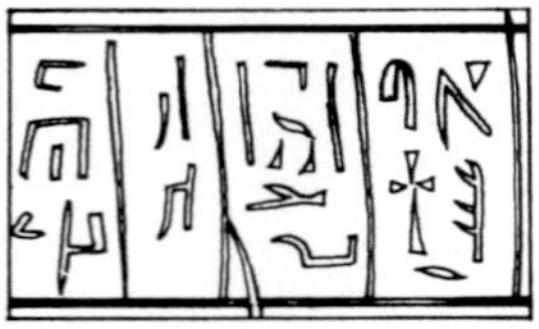

1018

1019

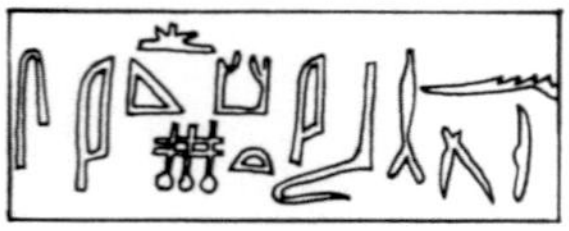

1020

1021

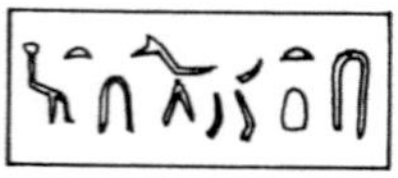

1022

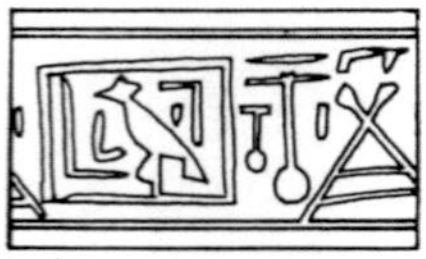

1023

1024

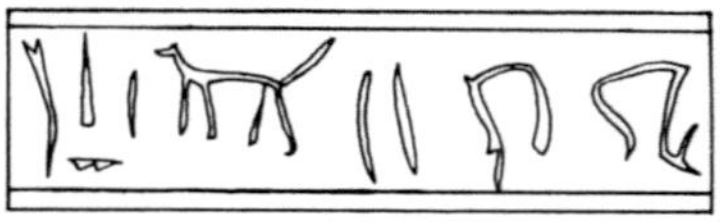

1025

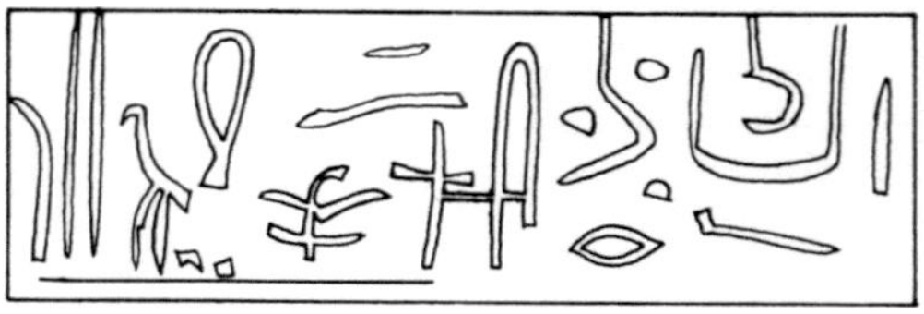

1026

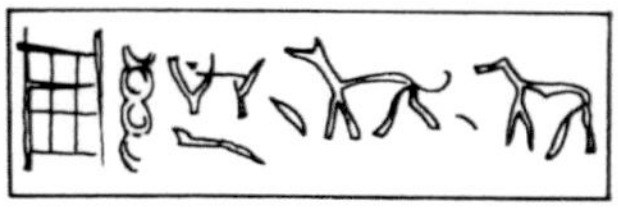

1027

1028

1029

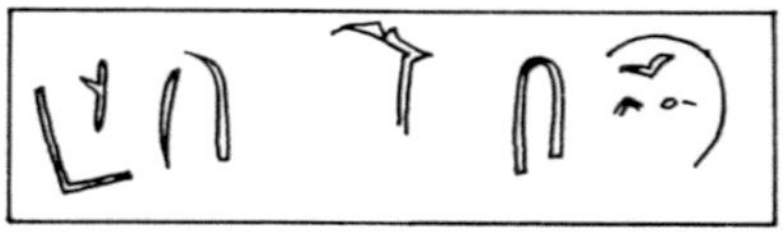

1030 – 1033

1030

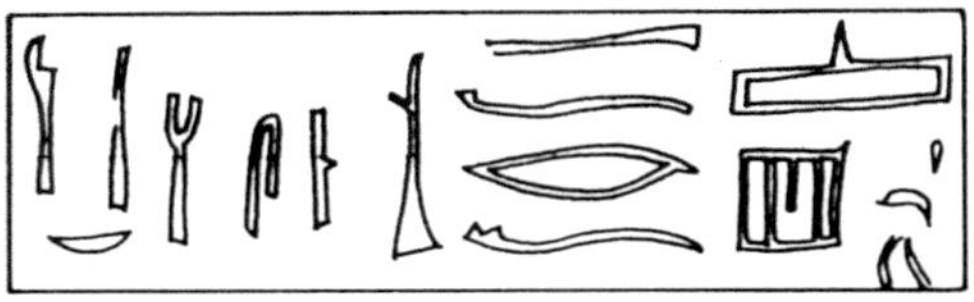

1031

1033

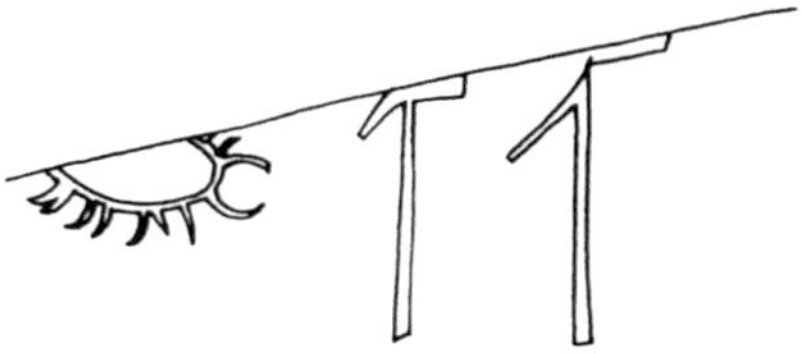

1032

3.

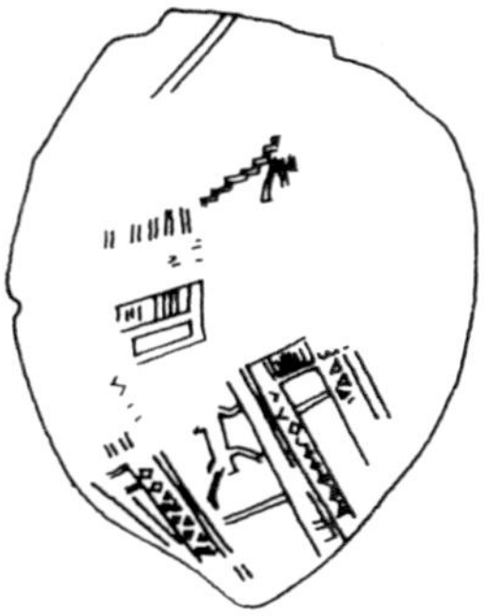

1.

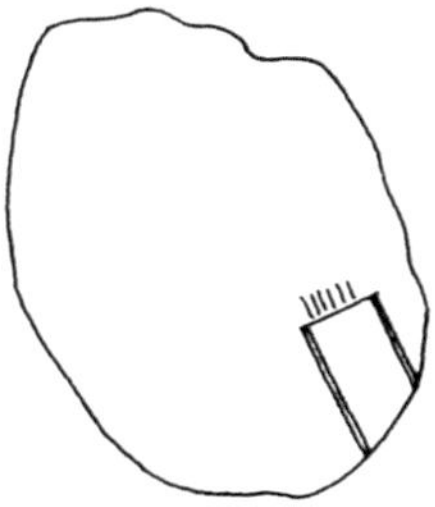

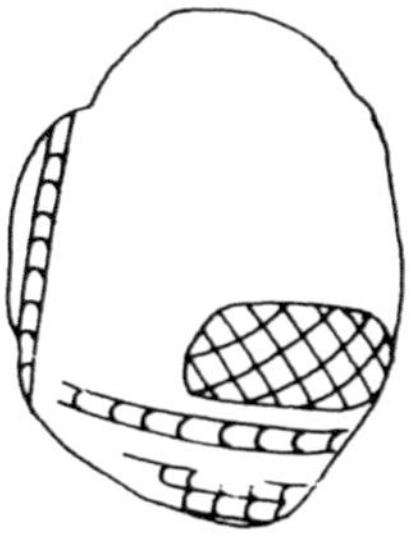

2.

1034—1037

1034

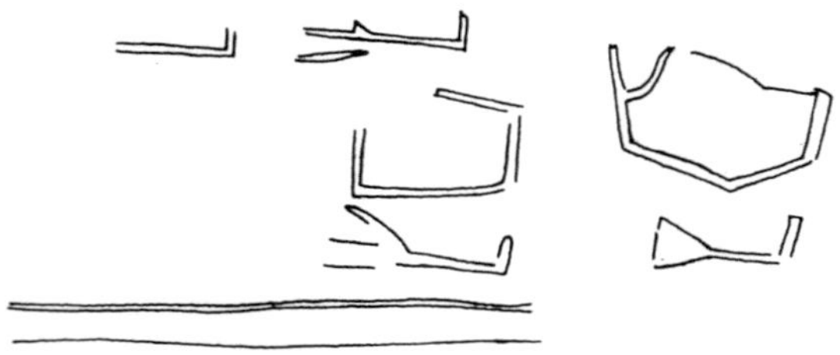

1035 B

1035 A

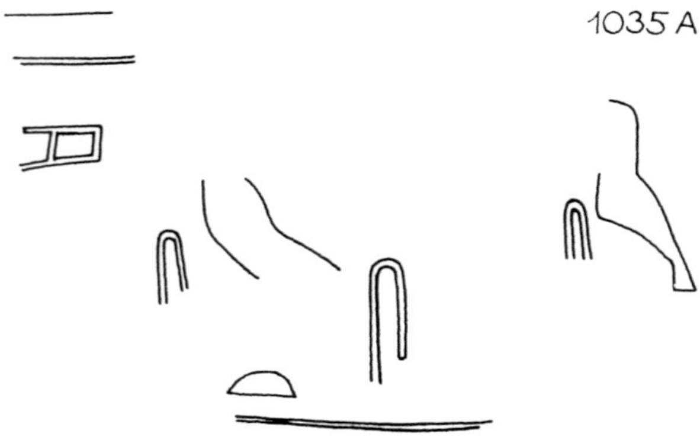

1037

1036

1038

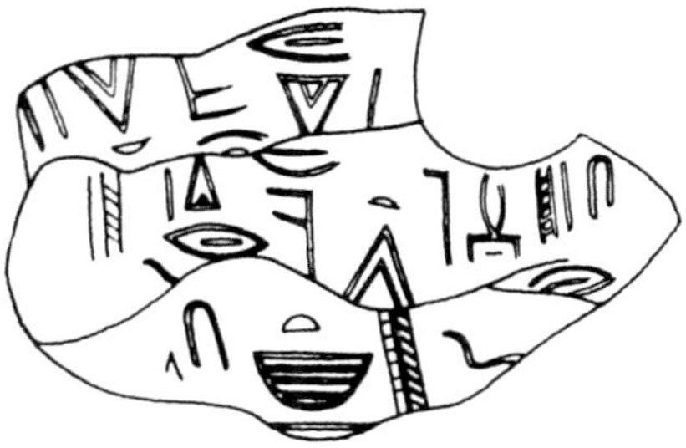

1039

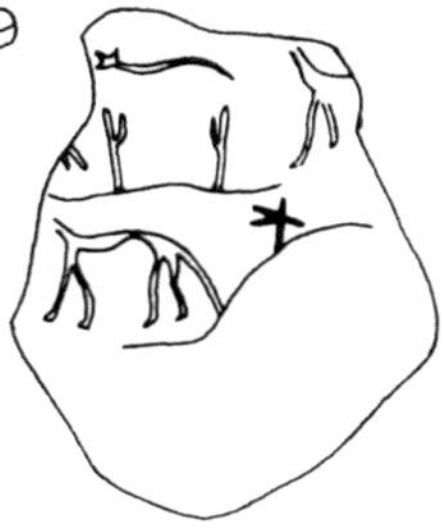

1040

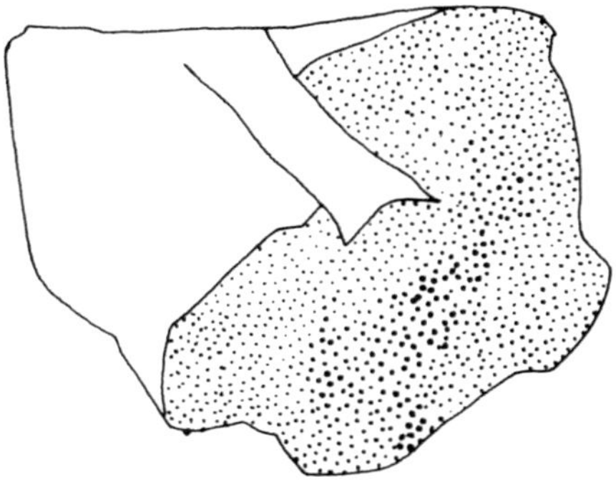

1041

1042

1043

1043

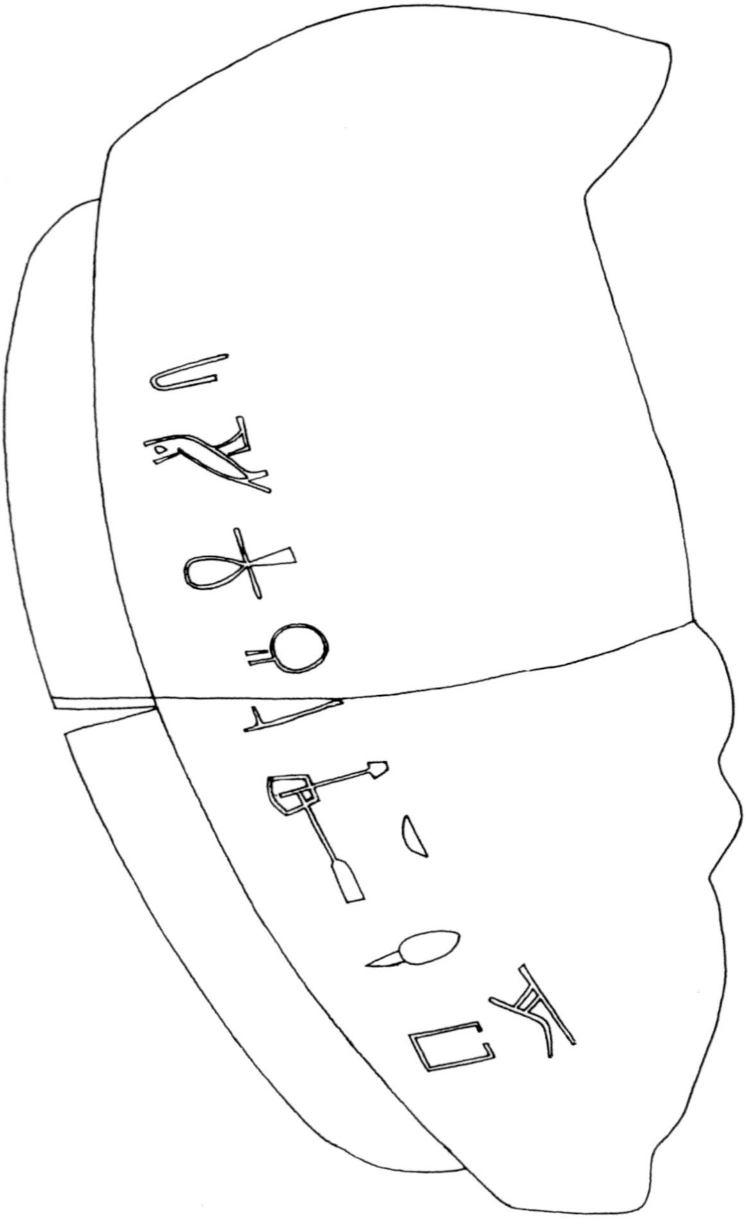

1044—1046 . 1049 . 1061 . 1062

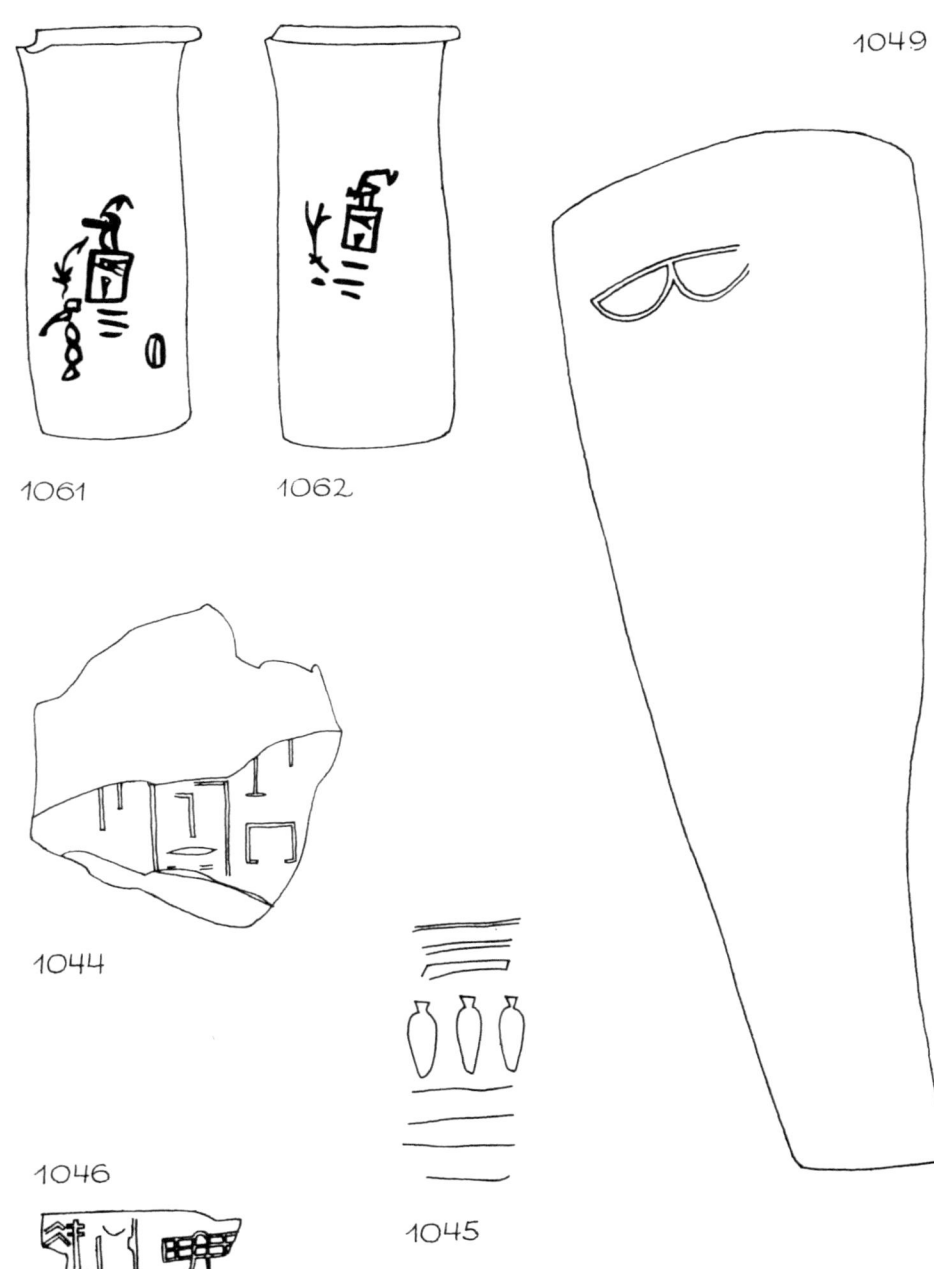

1049

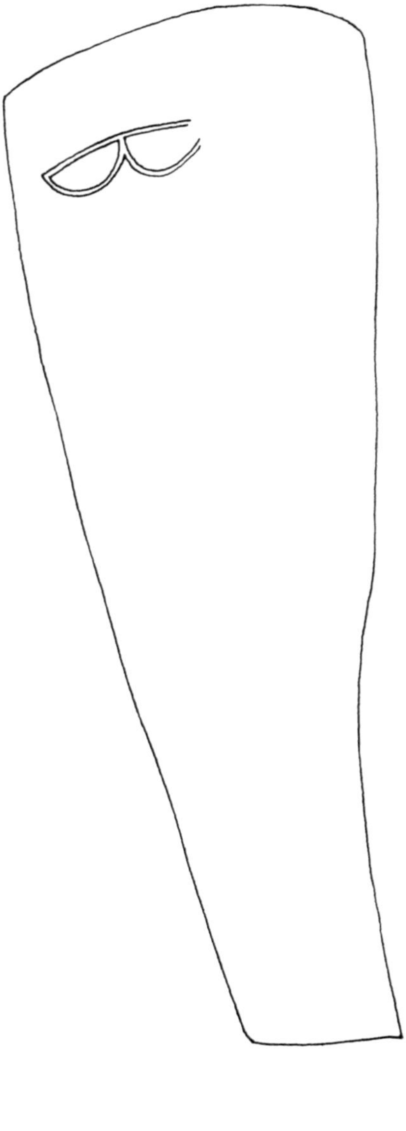

1061

1062

1044

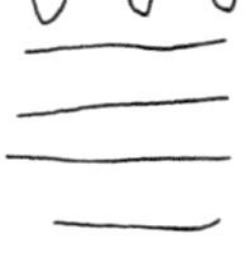

1045

1046

1057 FRAGMENT A

1057 FRAGMENT A

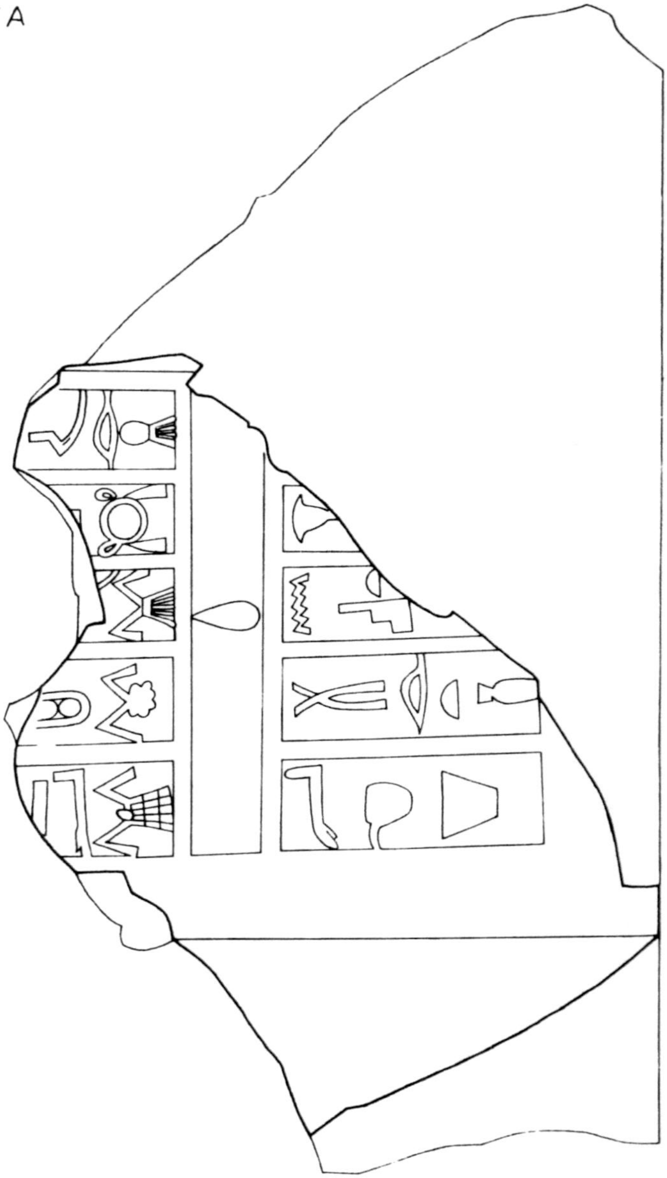

1057 FRAGMENTE B+C . D

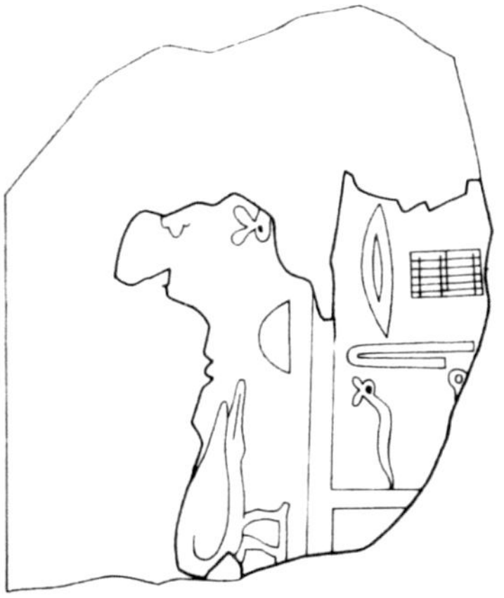

1057 FRAGMENT D

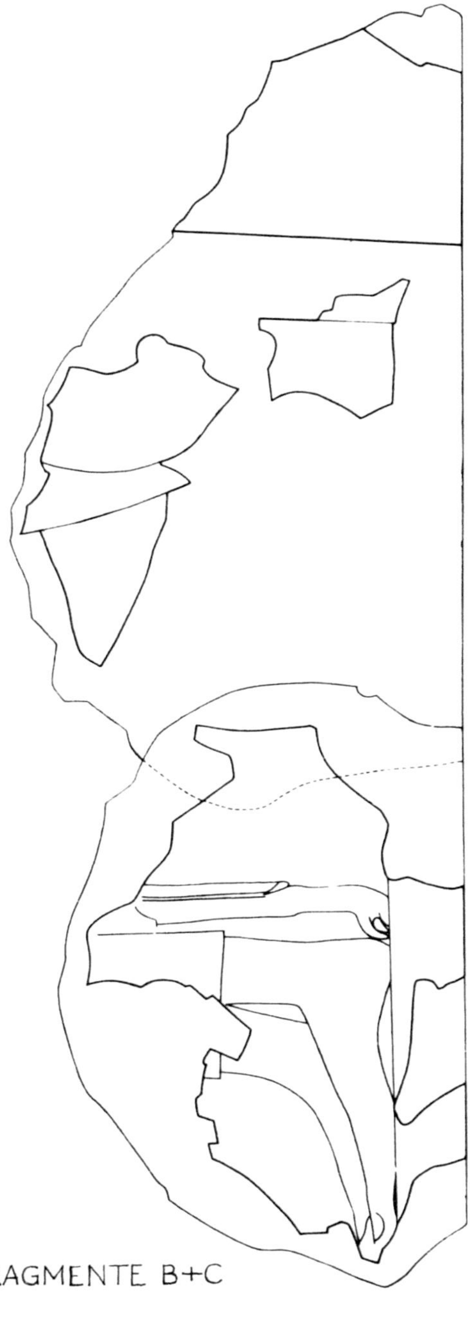

1057 FRAGMENTE B+C

1057

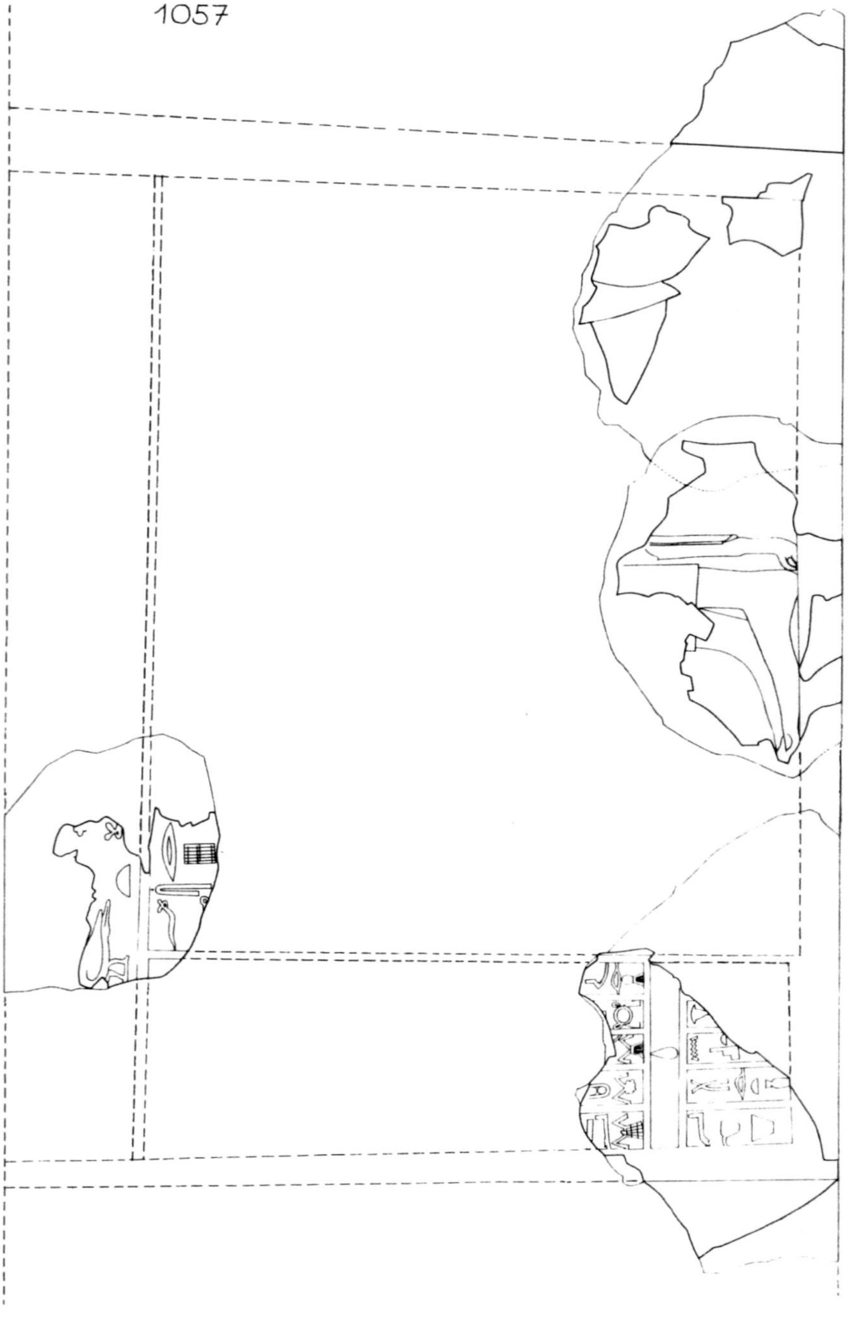

1065 . 1070

1065

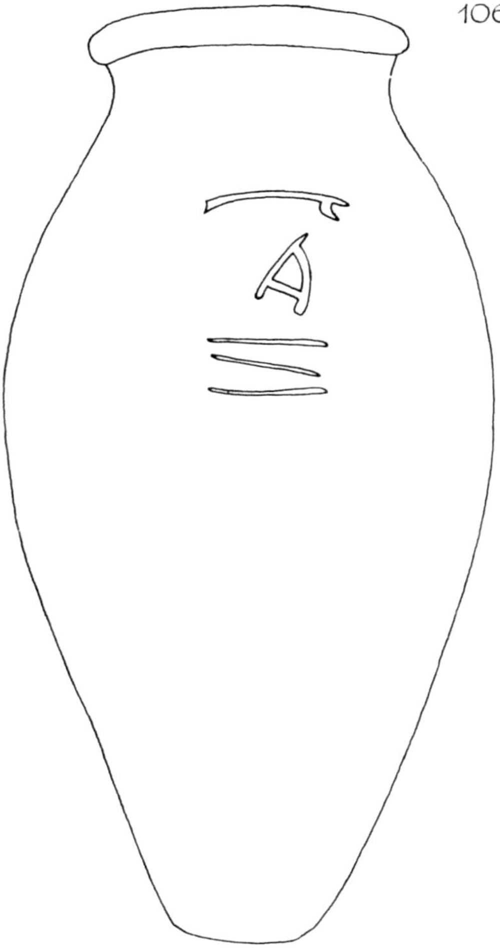

1070

1069

1069

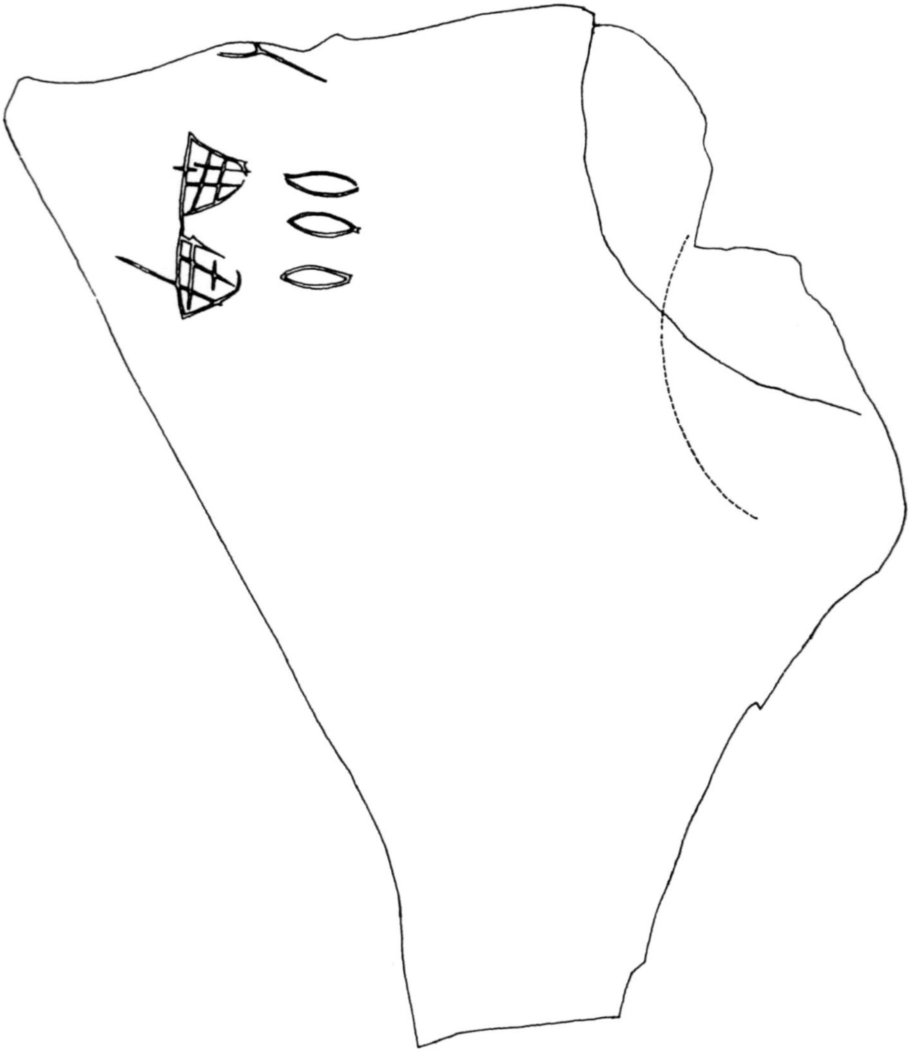

1076

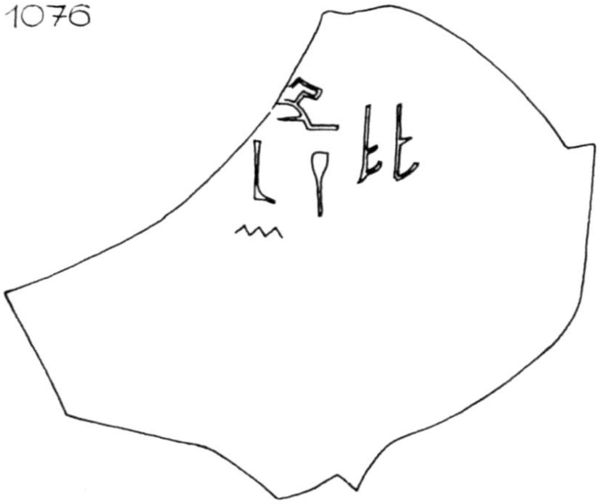

1077

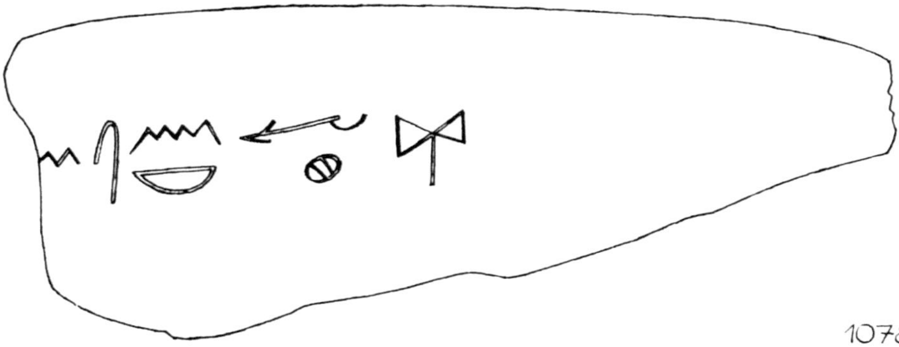

1078

1081

1082 . 1089 . 904bis . 909bis . 917bis

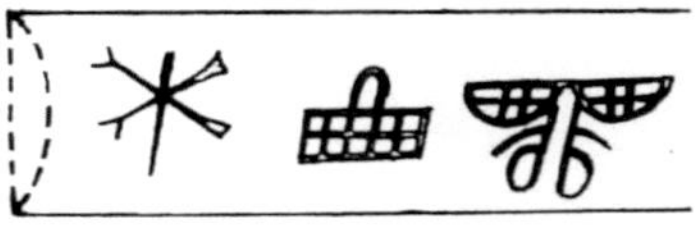

1082

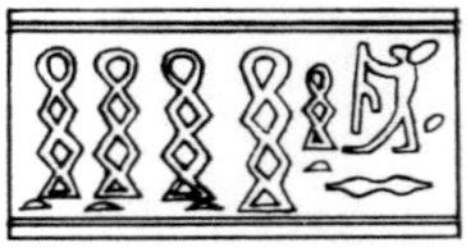

917bis

904bis

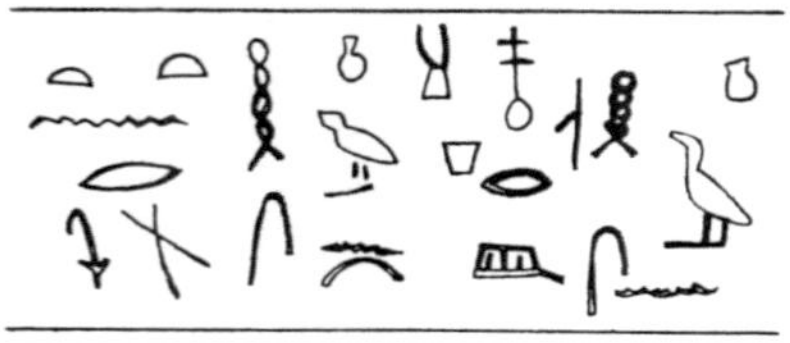

909bis

1089

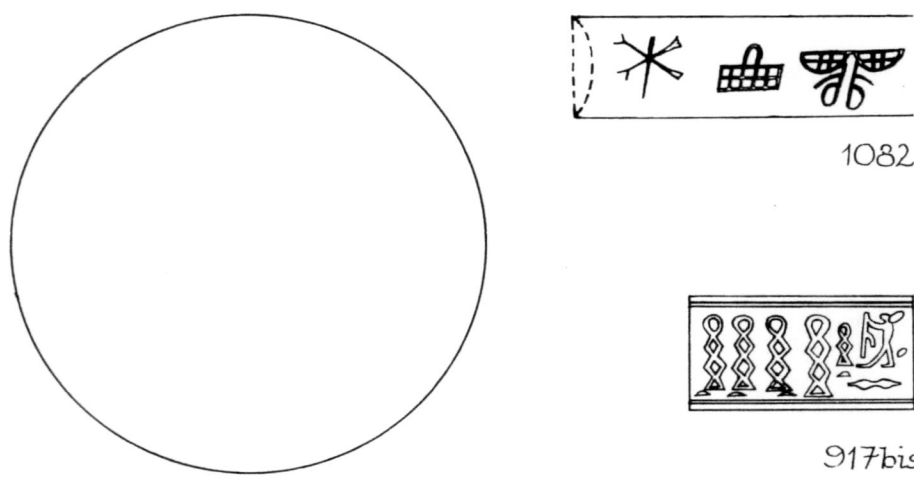

917 bis. 920 bis. 923 bis. 979 bis. 985 bis. 996 bis. 1011 bis

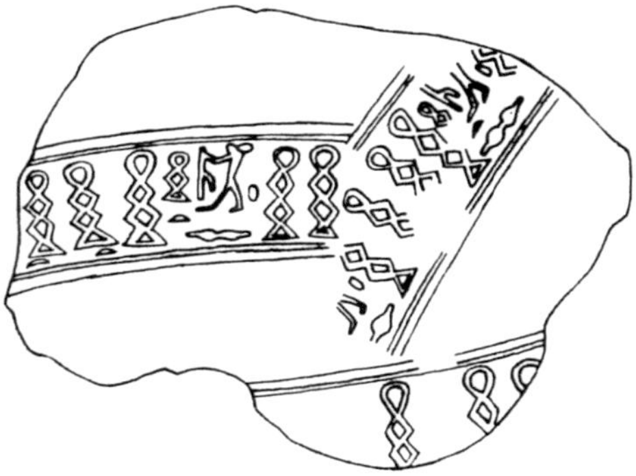

917 bis

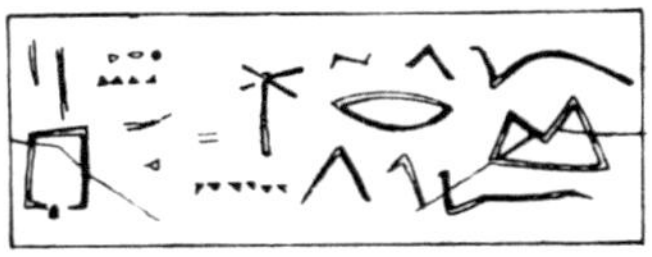

996 bis

920 bis

923 bis

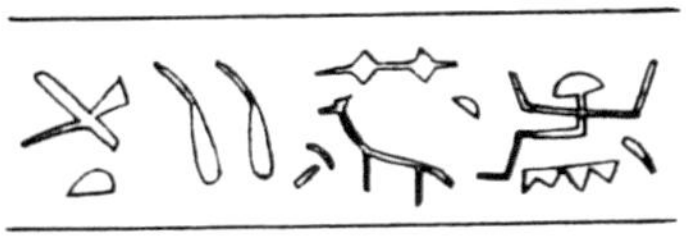

979 bis

985 bis

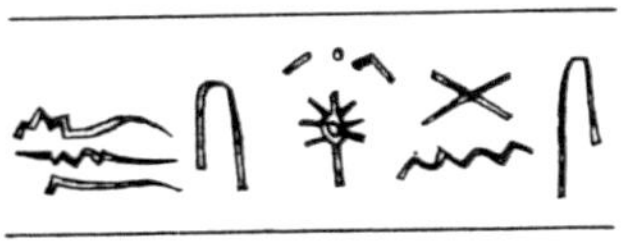

1011 bis

1031 bis – quinquies . 1035 bis. 1072 bis . 1078 bis

1035 bis

1031 bis

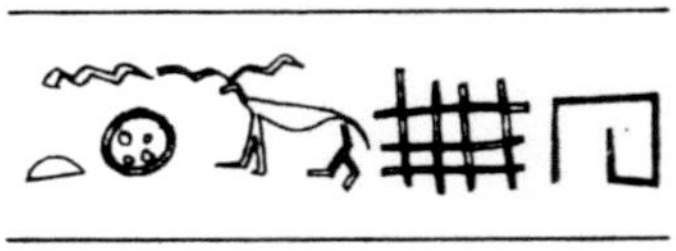

1031 ter

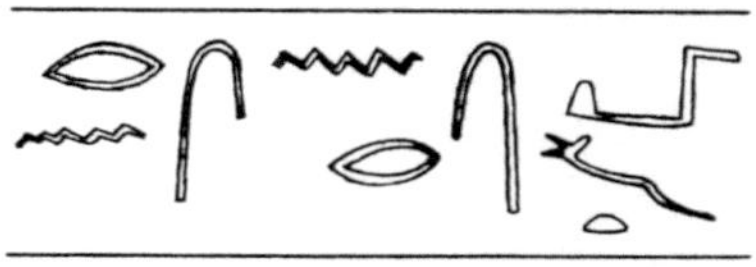

1031 quater

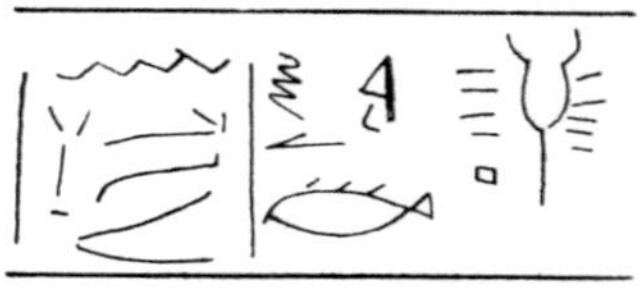

1031 quinquies

1072 bis

1078 bis

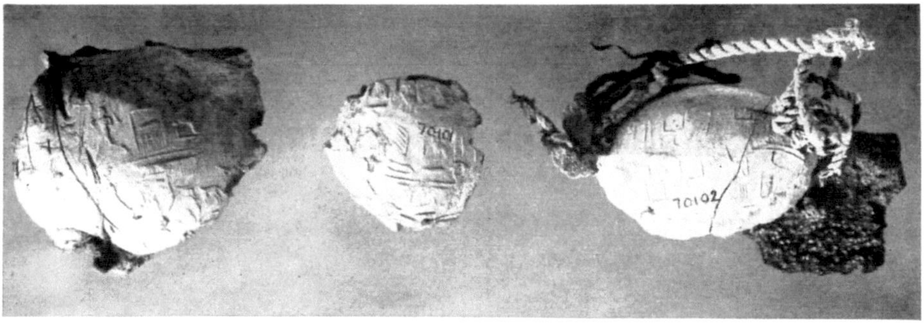

211
Cairo JdE 70100

895

1036

211
Cairo JdE 70103

1048

1047

1051 B. A

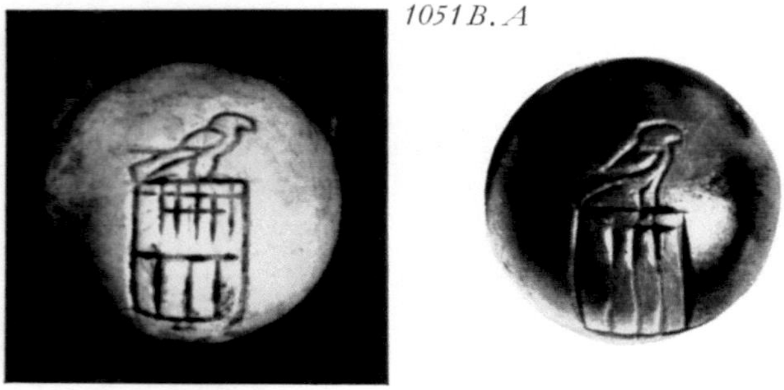

1050 C

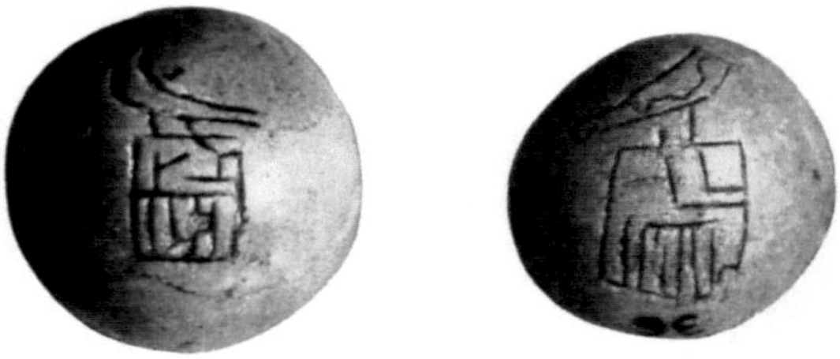

1050 A. B

1052

1053

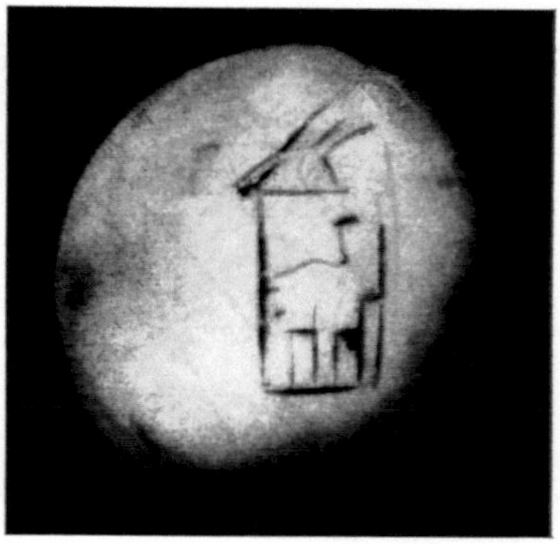

1054

1055

1058

1056

1059. 1060

1062

entfällt

1061

1063

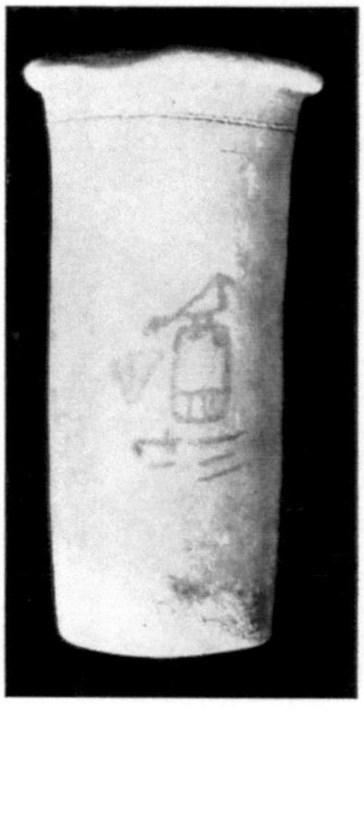

1064

1066

1067

1068

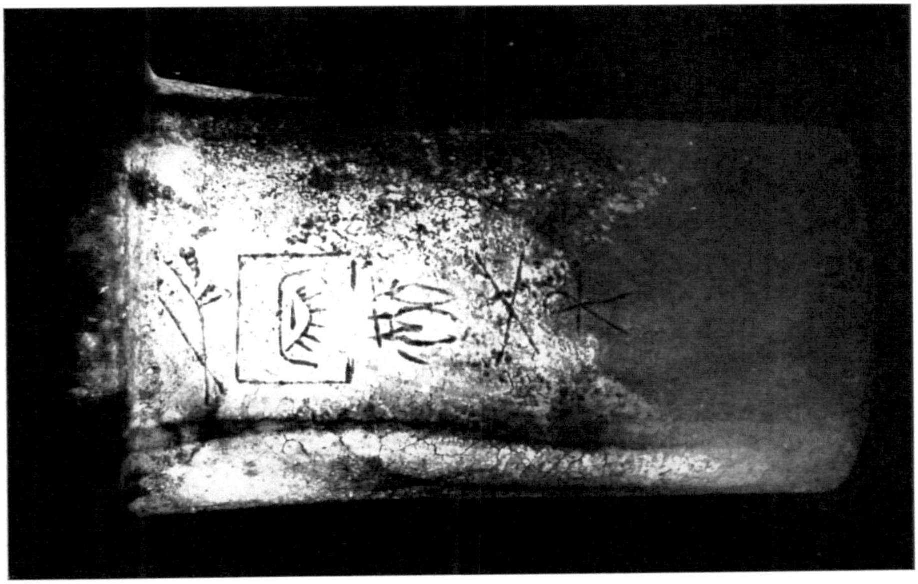

1071

1072

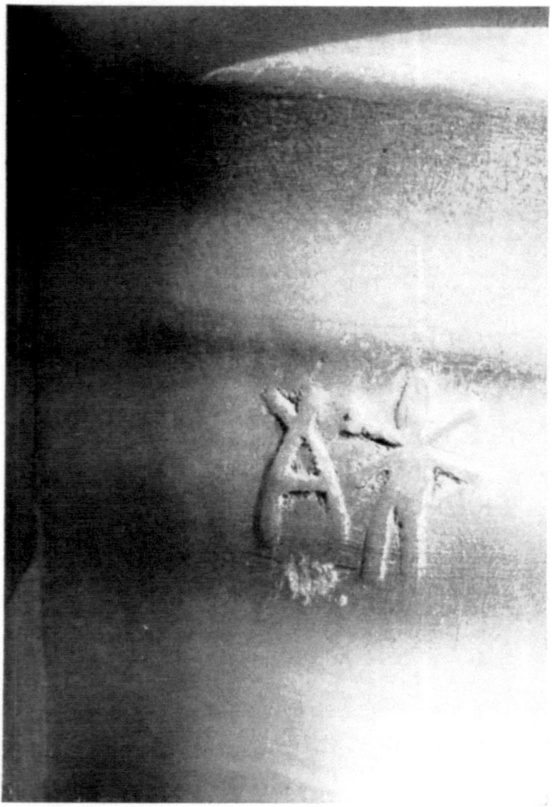

1075

1073

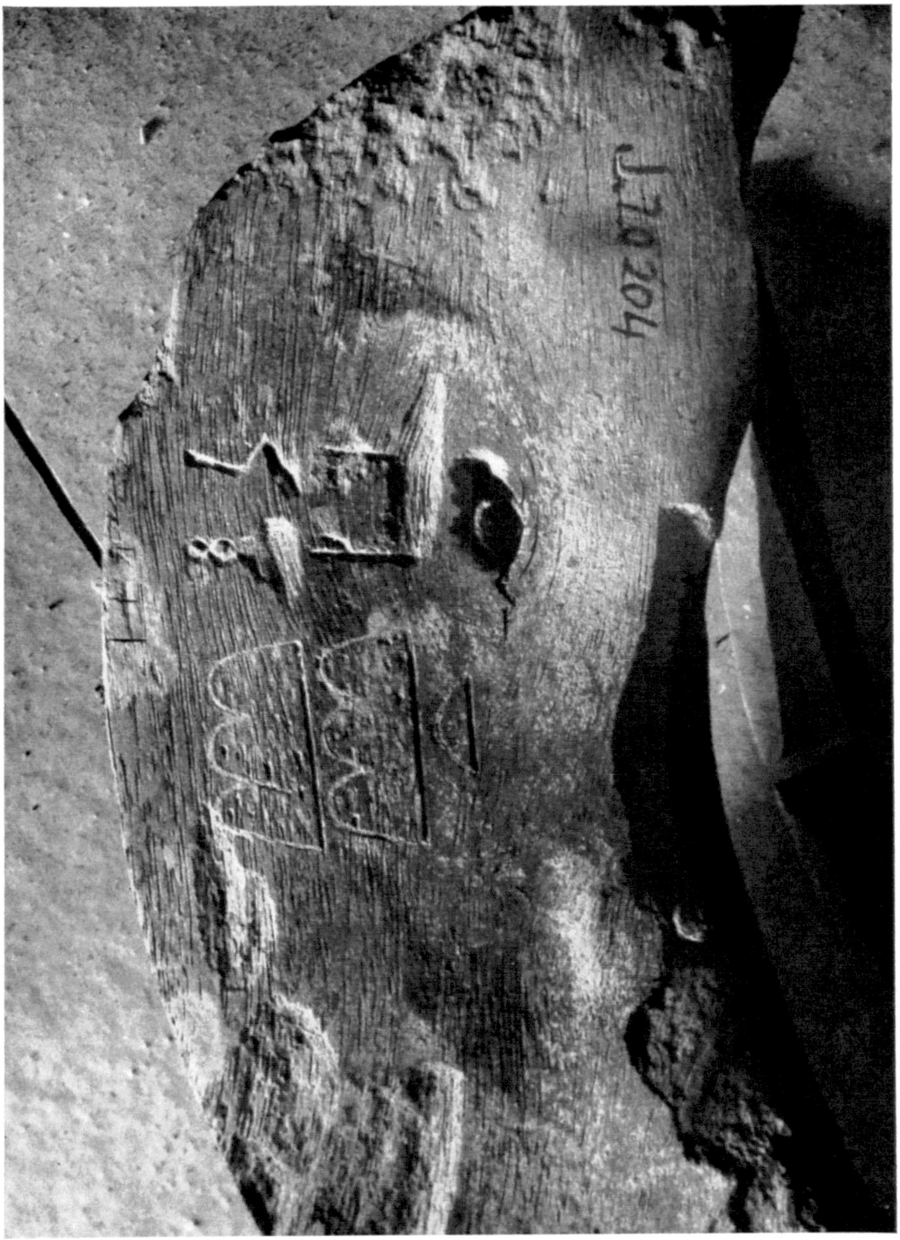

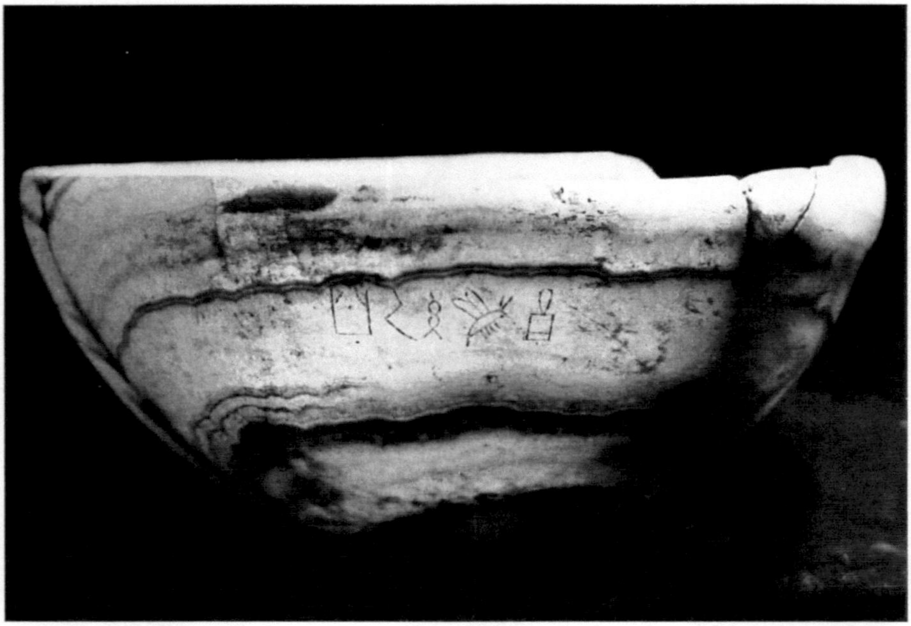

1080

1083. 1084

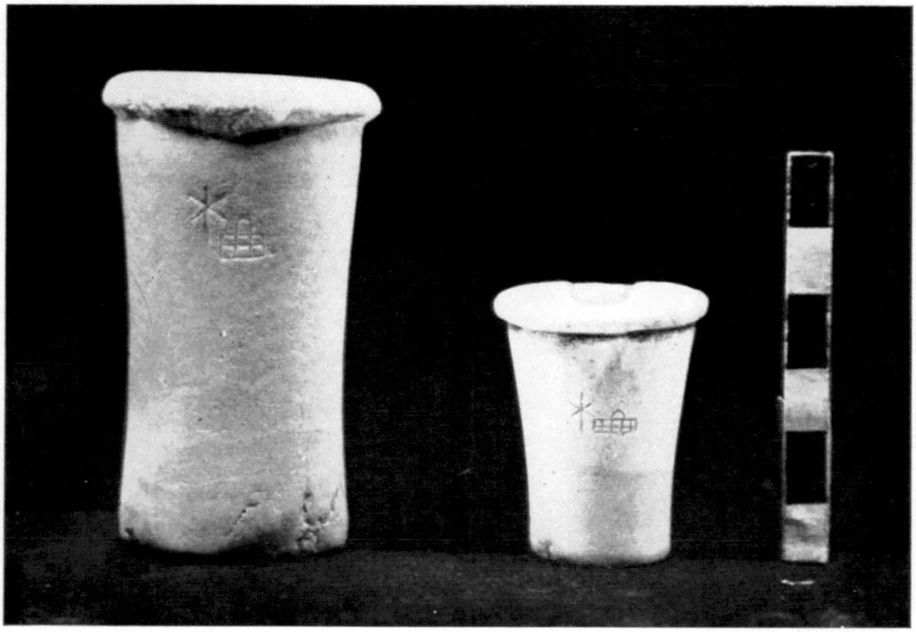

Tafel XII

1090

1074

1086

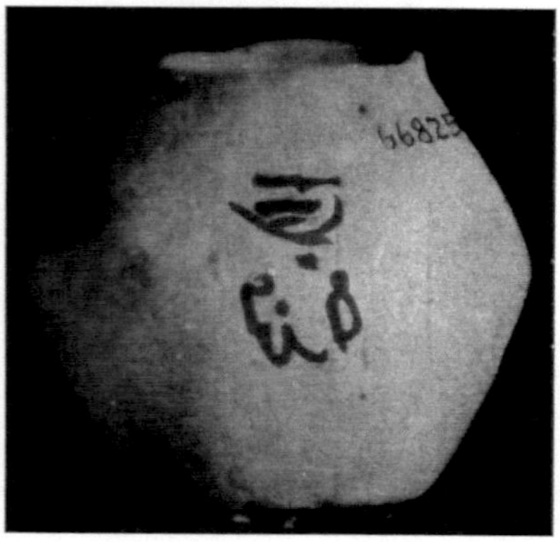

1087

1088

1090

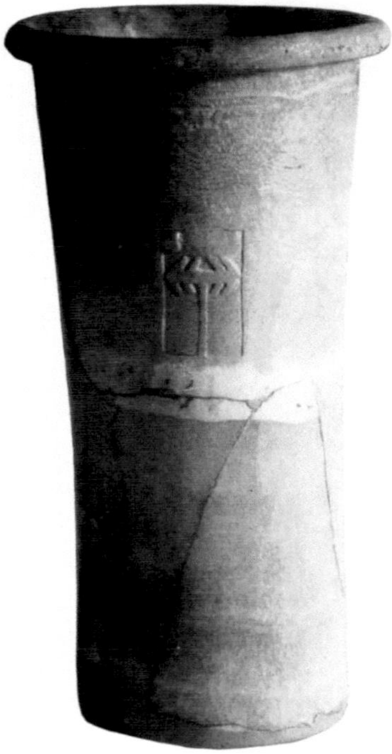